精煉如金

一個黃金業務的人生救贖旅程

Just As I Am：The Amazing Story of a Sinner Saved by Grace.

孫繼正 ——— 著

目次
Contents

前言

你知道在熔金的過程中，必須要加溫到攝氏幾度，才能提煉得出成色九十九點九九的黃金嗎？

回收的舊金，進入熔金爐中，隨著溫度升高，漸漸融化為金黃色液態的金屬。若繼續加溫，溫度已達到攝氏七、八百度，鋅、鎂、鋁等金屬雜質就會出現，漂浮在金色熔漿的表面，然後汽化，肉眼再也看不見。

最後浮現的是銀。可是，等到溫度超過一千一百度之後，銀也汽化了。此時爐中的金黃色熔漿，美麗如創世時的混沌狀態，精純如太陽表面的熔岩，散發著金色光芒，看似全無瑕疵。

這純度九十九點九九的熔漿，正等待著被塑形，成為各式各樣貴重的器物或飾品，合乎人們的需要。

在這個階段，溫度已高達一千二百度。

我的人生，就如同提煉黃金的過程。藉著一次又一次煎熬與磨難，上帝將我身上的雜質一項一項提取出來。也許，祂是要磨練我到九十九點九九的純度。

直到今天，沒有任何捷徑，我仍然走在這條考驗的道路上，如臨深淵，如履薄冰。

或許你的心中又生出另一個疑問：**為什麼無法提煉出純度百分之一百的黃金呢**？這個問題，可以從另一個角度來想：世界上，有任何人是完美的嗎？

去尋找解答吧！找出造物者為什麼留著那百分之零點零一的答案。

第1章

黑與白的交錯

一九六二年，台北市的北投地區，空氣中一如往常飄散著淡淡的硫磺味。這裡是台北市開發甚早的區域，得天獨厚的溫泉資源與自然景觀，從清朝康熙時期開發至今，數百年來留下了獨特風情與許多令人惆悵的故事。

三月，位於北投地區的忠義眷村，誕生了一個哭聲洪亮的男娃。小寶寶姓孫，名叫繼正。是的，這個眷村就是我的人生起點，除了童年的嬉笑聲，這裡還留著我父親的遺憾，我母親的眼淚，我哥哥的咆哮，以及我小妹的魂魄……

我在這個由警察組成的眷村中成長，而如今回頭望，老家已不復在，只遺留過去的記憶在腦中迴盪。

父親是廣東省海南島人，在抗戰時期是國民黨的秘書，隨著國軍四處打游擊戰，也跟著隨國民政府撤來台灣。「政工幹校」第一期畢業的他，來到台灣之後，從軍人身分轉為警察，在保七總隊擔任秘書，又在北投落腳，成家立業。

我的母親來自屏東枋寮，海南島人與屏東鄉下女子相遇，共組家庭，在那兵荒馬亂的時代，似乎並不是件稀奇的事。

當時總統是蔣中正，總統夫人蔣宋美齡女士和父親同樣祖籍海南島。因此，父親將我的大妹取名為「孫繼齡」，小妹取名為

來自海南島的父親與來自屏東的母親在亂世相遇，成家立業。

「孫繼美」，大哥則取名為「孫繼山」。大哥的名字一看就知是向我們家的同姓先賢「孫中山」先生致敬，希望大哥能承繼建國創黨者的風骨。至於我的名字有個「正」呢，就不言可喻了。

父親在家鄉被稱為神童、才子，當年全縣只有他一個人考上高中，是家鄉的驕傲。父親從小飽讀四書五經，寫得一手好書法，我們家四個孩子，似乎只有我承繼他的文才。記得我兩、三歲時，父親就握著我的手教我寫書法，帶著我背誦四書五經。

由於給我出的功課我都能做到，父親認為我盡得他的真傳。於是我才四、五歲，同年齡的孩子都還在讀幼稚園中班的時候，他就帶我通過學校測試，跳級進入北投清江國小就讀一年級。這時的我，比同學足足小了兩、三歲！

雖然年紀小，但課業成績還是跟得上其他同學。從小我就以功課好、才藝好在學校聞名，贏得好幾次書法比賽優勝。

父親見我書讀得好，常送我書，不管考試或比賽的獎賞都是書，家中廁所、客廳到處都是書。小時候的我讀了很多歷史故事、偉人傳記，以及改編為兒童版的經典文學像是《水滸傳》等等。無形中我的心中也生出了一把尺，認為人世間的梟雄與英雄自有他們的形象與分寸，影響到我日後不管遭遇何種際遇，都有個把持行為的操守在。

除了教我讀書與寫書法，父親也常陪我下象棋。他常故意讓我，這其實是要我學到另一個功課：在學問與才藝之外，他在培養我的心性，在教我人生是怎麼一回事——**人生最高境界不在輸贏，而在進退之間**。有時候，將人一軍並不是真贏；精進棋法與布局，反而是更重要的事。

此外，下象棋也讓我學會了忍耐。所謂觀棋不語真君子。有時候，我們是否該站在一旁看著別人如何下一盤棋，學習他人的謀略？

小時候的我很喜歡看布袋戲，還會去買布袋戲偶回家自己就搬演起來：史豔文是英雄，藏鏡人是梟雄。我常常一隻手一尊戲偶，雙手比過來比過去，演得不亦樂乎。搬演布袋戲偶是我的拿手好戲，家裡的戲偶越來越多，家人就是我的忠實觀眾，尤其父親，我之所以熱愛布袋戲便是受他影響。

布袋戲人物中有一位叫黑白郎君，亦白亦黑、亦正亦邪，彷彿是我前半生的寫照。那麼，「白」與「黑」這兩種特質是怎麼來的呢？若從小帶我念四書五經、教我書法的父親教給我的是白，那麼黑則是來自於我的母親與哥哥吧。黑白兩種特質，我從小就在學習與觀望。

大我三歲的哥哥，從小就不愛讀書，如果我是個文秀才，那他便是個武狀元，常在眷村裡打架滋事。雖然我個子小，但哥哥出門去打架，我也常常跟著去，當個小跟班。

母親則是在台北市西門町的中華商場經營「北方麵食餐館」。原本是個純樸鄉下人的她，為了招攬生意交際應酬，做著做著竟也學會了許多不良習慣，抽菸、喝酒樣樣來，在家裡不時用三字經開罵，深夜十一、二點晚歸回家就摔東西出

我站在脾氣火爆的母親前面。而站在我前方的小妹，幾年後將死在我的背上。這一年，父親 40 歲

氣，使得我們家裡經常處在一種高張力的緊張氣氛之中，四個孩子只得夜夜哆嗦著躲進被窩。

哥哥這眷村中的小霸王，後來加入了北投地區的地方幫派「北聯幫」，正式當起流氓了。我雖沒有加入幫派，但幼年的我就如黑白郎君，在正與邪之間擺盪。

走對與走錯路，往往是一念之間。

我四、五歲就念小學，儘管功課與在校表現都能跟得上大我兩、三歲的同學，甚至還能超前，但班上若要選幹部，可就沒我的分了，年紀小個子又小的我，連個衛生股長都當不到。雖然從小讀了許多偉人傳記，從書中看到偉人們如何以他們的領袖特質帶領眾人作戰或革命，但在校除了讀書或參加才藝比賽之外，沒有機會去學習所謂「領導」這回事，心中難免有些失落。

小學的我，是個沉默的孩子，在班上永遠不是第一個舉手的同學，因為我坐在第一排講台前的座位，就算舉了手，老師也看不到被講台擋到的我。當時唯一一件能讓我覺得「自己對班上有貢獻」的事情，是代表班級去參加才藝比賽：「書法比賽第一名——孫繼正」、「運動比賽第Ｘ名——孫繼正」……只要我一個人得獎就好，沒有團隊的概念，而是單打獨鬥，專注在培養自己的才藝與特質。

這也使得我養成與自己獨處時十分自在的特質。我可以一個人坐在大石頭上看著遠方，一動也不動沉思三個鐘頭。當時眷村的孩子，會在村子附近小溪旁的樹叢中，找一塊地方布置成自己的秘密基地，我常常獨自在裡頭躲一整天，不覺得無聊。

考高中那年，我沒去補習，就在家附近的抽水站屋頂坐著看書，讀著讀著常忘了時間，直到天色暗了才回家。

從小能與自己長時間獨處、沉思，養成了我內省的習慣。到如今，這個習慣幫助我走過了許多難關。

一九六〇年代的台灣，社會民生狀況逐漸好轉；由於與美國之間的友好關係，政府喊出以工業取代農業的口號，代工生產出口量年年增高，是台灣日後成為四小龍經濟奇蹟的重要奠基時期。在這個時期，以台北市為主的北台灣都會型態亦已成型，一九六一年落成啟用的中華商場，是當時最具代表性的民生消費中心，八座三層樓連棟的大型商場座落於中華路旁，就在車水馬龍的重要交通幹道上，商機無限。

我四歲那年，父親的好友見機不可失，於是找了父親一起在中華商場合夥開設「北方麵食餐館」。但父親是個不會做生意的文人，保七總隊的秘書工作一時也無法放下，因此母親必須扛起在商場做生意的責任。

雖然餐館生意做得不錯，改善了家境，卻使原本單純的公務人員家庭，從此變得是非不斷，家中各個成員，不時得接受各種人性的試煉。

中華商場人來人往，客人絡繹不絕，餐館開在商場第五棟，前面有知名的「點心世界」，後面是備受好評的「真北平」，兩強夾擊，生意非常競爭。但母親展現了她的天賦，交際應酬如魚得水，加上師傅手藝好，餐館生意相當不錯，往往忙到深夜十一、二點才回家，孩子們只能孤單地待在家裡。

年紀小的孩子，哪懂得整理家務？母親帶著一身油煙味回到家，看到家中一團亂，個性急躁的她便大發烈怒，動不動就摔東西，我和哥哥妹妹們見狀總是趕緊躲進房間裡。

而母親忙了一整天累壞了，為了發洩滿腹牢騷與怒氣，我們躲回房間後，她就在客廳一邊抽菸喝酒，一邊為自己的辛苦大聲抱怨。她除了罵孩子，更怒斥父親不負責任，常常晚上很晚才回家，不知在幹什麼。

每天晚上，這些場景就如夢魘一般重演。

大人是如此，那麼孩子們呢？

沒人管教的哥哥，從小學就開始混流氓，這也不意外。而我這個在學校品學兼優的好學生，自從被母親帶去中華商場這龍蛇雜處的地方幫忙做生意之後，也染上了一些小奸小惡。

只要碰到假日，母親就會帶孩子們到餐館幫忙。我跟著母親做生意，看著她一邊跟客人有說有笑，一邊轉過身來就是不斷抱怨，使得我學會了人性是什麼，也開始懂得去觀察客人的需要。

小小年紀的我，不久後就學會了主動發問，以便提高客單價。我會問客人：「這盤菜很好吃，您要不要多點一盤呢？」客人常常稱讚：「這小子真是懂禮貌啊！」

我也學會了一些有用的攬客話術，讓我站在餐館外拉客人進餐廳吃飯的時候，能有不錯的成績。畢竟，看見一個可愛的小孩站在餐廳門口，用清晰流利的口齒邀請你入內，大人們最招架不住了。

小學四、五年級時，因為父母忙到沒時間管我在幹什麼，我開始試著偷東西。

那時西門町就已經有不少夾娃娃機。憑著我的小聰明，只要稍加研究，就知道如何從洞口把娃娃鉤出來。再利用一點小小的技術，就能把投進去的錢幣也順便取出，完全難不倒我。

在西門町的戲院看免費電影，也不費吹灰之力。雖然是小學四、五年級，但其實我的年紀才八、九歲，個子不高。我會先在路邊觀察要進戲院的人們，看到貌似情侶的觀眾，就立刻跟在他們身後，偷偷拉著他們的衣角，假裝是他們的小孩，再跟著情侶溜進戲院裡。

當年的眷村家家戶戶住得近，居民又沒有戒心，翻進鄰居家中翻箱倒櫃是很容易的事。記得有一天早上我翻進雜貨店，抱起店裡一整罐糖果，轉身就想

眷村與我（前）。

走，不料迎面就是從外面回來的老闆娘。

在這種情況下，我其實有兩種選擇：一是立刻放下手中的糖果罐以求脫身，二是繼續將糖果罐抱著，但會被老闆娘看見，等於是被逮個正著。可嘆，我當時寧願被抓到，也不願放下好不容易到手的糖果。

為什麼我會這樣？因為，我從小就封閉在自己的世界裡，在這個世界裡的信念是：這罐糖果是我運用自己的聰明才智，努力得來的。那就是我的東西。

那位阿姨雖然目睹我抱走糖果罐，並沒有當場將我抓住。從我身上穿的制服，她發現我是北投清江國小的學生，便去學校舉發我。那天早上朝會集合時，老師帶著親眼目擊的那位阿姨，從全校七百多名學生中，僅憑著我的背影就把我從隊伍中揪了出來。我並沒有否認犯行。

班上老師氣炸了，把我連人帶書包踢出校門口，怒吼著叫我不要再來上學了。而我，只是把書包上的灰塵拍一拍，又滿不在乎的走回教室上課。我在學校向來是個功課好、才藝好，聰明又聽話的乖學生，有些老師會出面幫我說情，希望校方再給我機會。所以，整件事就這樣不了了之。

因此，這次事件並沒有讓幼年的我明白「我的品格其實是有問題的」。我反而只是覺得，人必須要有影響力、要有實力，這樣別人就會拿你無可奈何。

那時的我，覺得一皮天下無難事。

現在看來，包庇，只會誤導人，讓人更進一步走進錯誤的路途。

在母親高明的經營下，中華商場的餐館生意上了軌道，營運收入與台灣經濟同步成長繁榮。意氣風發的父親再與朋友合股，在西門町峨嵋街開了另外一間裝潢高檔的粵菜餐廳——港九。

此時家中經濟已經可以用寬裕兩個字來形容了，孩子們身上穿的、用的都不錯，出門總是能吃香喝辣。我宛如公子哥兒，在西門町走路有風。

西門町是個大染缸。電玩間與冰宮林立，小流氓與小太妹雜處，打架偷竊事件層出不窮。許多西門町潮男潮女的打扮走在時代前端，有錢人家的孩子砸大錢買玩具……

我的「學壞」，也許就從母親帶我去中華商場「見世面」開始吧，加上我們的家境已經進入生活無虞的階段，我也產生了不切實際、不腳踏實地的想法。從小學四年級到國中二年級之間，我把天賦的聰明，轉為吸收學習社會的黑暗面。

國中念的是北投的新民國中。國一時學校有能力分班，我隨便考了試被分到中等程度的班級。在這個班上，不需要背負前段班的升學壓力，使我在西門町的黑暗世界中混得如魚得水，例如去偷遊樂場的代幣，或是去萬年大樓趁店家不注意時偷櫃子裡的商品。這一切，只為了滿足自己的虛榮心，或只是為了好玩而已。

行為上我雖是個壞孩子，書隨便念一念，在班上的成績竟也能名列前茅。老師見我成績不錯，要我重新做分班的測驗。沒想到測驗一通過，國二升國三那年就把我調到升學班去了。

在升學班裡，發生了一件令學校感到頭大的事。

自小在眷村長大，過去幾年又淨學些壞事、血氣方剛的我，國三那年果然在班上幹了件大事。起因是一位同學拿了我的筆，我淡淡地告訴他：「我數到三，筆就還我。」

一，二，三！我沒有給他時間反應，也沒有任何示警，霎時之間我的拳頭就已經飛過去，「砰」的一聲正中那位同學的眼鏡。鏡架歪了，鏡片碎了，碎片插進同學的眼瞼，往保健室一路上滴著血。

幹了這件大事後，想當然父母親立即被請到學校來。

我犯下這麼大的過錯，那時候學校當然可以將我退學。但我的成績好，學校為了升學率考量，於是把我記了個過，就饒過我了。

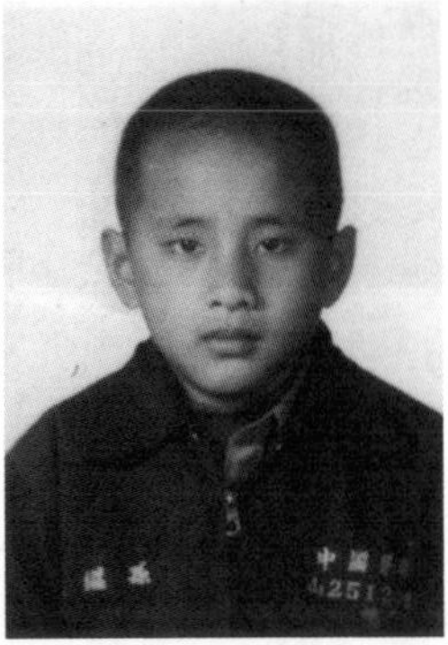
國中的我，已經是個小小麻煩人物。

國三時另外發生了件事，將持續影響我一輩子。有位同學捉弄我年紀小個子也小，從我背後將我一把抱高舉起，不料他一時沒抓穩，使得我以頭下腳上的姿態，重重摔在堅硬的地板上。我當場就昏迷不醒。

再度睜開眼睛的時候，我已經躺在醫院病房裡，鼻骨碎裂，臉上打著石膏，很不舒服。這一跤摔得很重，造成我日後鼻中隔彎曲，到今天都必須和鼻炎纏鬥。

還記得，從昏迷中醒來後，我竟然還想到要跟母親說：「媽，妳不要叫我同學賠償，他家很窮。」

憐憫心，是父親給我的教導。日後我將會更深刻的瞭解，這是作為領袖很重要的特質之一。

那位同學的頑皮行為，除了送給我一輩子的鼻炎，另外還附贈一個超級驚喜禮物：鼻子石膏拆除的那一刻，全家人都「哇！」的一聲發出驚呼，每個人的眼睛都因為驚訝而瞪得大大的。原來醫生技術高超，他除了接好我的骨折，還讓我的鼻子看起來挺直又美麗！

二〇一七年我們班舉辦國中同學會，我笑著跟那位同學說：「我原諒你，因為這個鼻子！」

新民國中當時是一所新成立不久的國民中學，在它短短的歷史裡，從來沒有學生考上前三志願的高中。也因此，學校非常注重我們這屆的升學率。而我，國三才進升學班，成績落後其他同學一大截，也只好努力念書，苦苦追趕，放學後跟其他同學一起留在學校讀書。

當時新民國中的金國材老師，為了帶好我們這屆升學班，把自己的婚期延後，住在學校宿舍，晚上陪我們念書與吃晚餐，甚至自掏腰包讓我們班有些同學去補習。二〇一七年同學會時，我們也與這位可敬的老師再度見面，才得知她自此沒有結婚。我對這位女老師，只有百分之百的感恩與謝意。

北聯放榜後，班上不少同學考上建中、師大附中，我則是考上男生的第四志願中正高中。但我並沒有去讀中正高中，反而選擇進入離家不遠的復興高中。

這時候，我才不過是個十二歲多一點的孩子。

我家居住的忠義眷村附近有條磺港溪，平時溪水深度不到一公尺，但每逢颱風過後便會變得深不見底。我很喜歡到那條溪邊玩耍。

小學一、二年級的時候，我才五歲（前面提過，我很早就入學了），有次颱風才剛走沒多久，我就和一群小朋友跑去溪邊。我們在溪邊開心地奔跑，卻沒去留意腳邊散落著被颱風吹得東倒西歪的枝幹。一個不小心，我被竹子絆倒，竟掉入湍急的溪水中。

同伴的小朋友們都驚嚇地四散跑開。誰敢跳入濁水滾滾的水中救人？大人都沒有勇氣了，何況是孩子。

我記得當時在急流中不斷翻滾，一下是黑暗的河底，一下是亮光的天空。接著我的意識消失了，恍惚間，我彷彿走入了一道被光包圍的白色隧道中。走到盡頭時，發現並沒有人來迎接我。那麼我該往哪兒去呢？於是，我又回頭走向來時路。

同伴們跑回村裡去求救，包含我母親的村中大人們急忙跑來。心焦如焚的他們，拿著竹竿在溪中撈呀撈，終於有人勾到我小小的軀體，將我撈起。經過人工呼吸急救，竟將我從死神手中拉回，我又有了呼吸！

大難不死，不敢說有後福，但經歷過生死關頭走出死亡隧道的我，內裡的靈彷彿已被開啟。冥冥之中，也彷彿有不知名的力量在守護我，當我面臨艱難的抉擇時，總能適時給我正面的提示，幫我開一條出路。我或者向左，或者向右，最後總是走在正路上。

幼年的我，度過了生死關頭。但相同的幸運，並沒有在孫家二度降臨。

我十五歲那年，碰到高中校慶。那天，母親將小妹孫繼美託付給我照顧。小妹那年十歲，在學校的功課也相當好，是個數學資優生。那天其實我可以不出門，在家陪著妹妹就好，但我又想參加校慶，於是交代妹妹不要亂跑之後，就去了學校。

小妹和以前的我一樣，跟著一群村中的同伴出門去玩耍。小時候眷村常淹水，於是就在村子附近興建一座抽水站，但屋子還沒完工，抽水馬達還未裝好，小屋的地板中間有個積水很深的大窟窿，上面只用塊木板隨意蓋著。

妹妹跑進小屋裡玩耍，把木板推開，一不小心就掉入洞裡……

那天，我在學校看了校慶活動，回到家的時候還不知道發生了什麼事。有人跑來跟我說：「光頭（以前頭髮長不出來，大家都叫我光頭），你媽媽和其他人都回來了，你妹妹在水坑裡……」

我一聽，就拔腿急著跑去村裡人所說的那個地方。到了那尚未完工的抽水站，母親已經昏厥在一旁，完全無法發揮作用。掉入洞中的小妹，衣服被水下的釘子勾住，因此再怎麼掙扎也無法浮出水面。消防隊員費了些勁，才用竹竿將妹妹撈起。

由於咬緊牙關、憋氣時間過久，被拉上來的妹妹已經七孔流血。我滿臉淚水，幾乎是不假思索的，揹著妹妹就跑向救護車，和妹妹一起被送到榮民總醫院。

到院後，醫生對家屬們說：「會難過的就不要進來了。」

我站在醫院長廊上，心裡明白，妹妹已經離開這個世界。

依稀記得，我五歲時歷經那次大難不死的溺水事件之後，有天我看見小妹睡著了。我問家人：死亡是否就是這個樣子？

而現在，她真的死了，死亡真的就是那個模樣。我們整理了小妹的遺容，

我兩個可愛的妹妹。小妹將永遠停留在年幼的模樣。

她穿著素淨的衣服，安祥地躺在棺木中，就像睡著了一般。

沒把妹妹照顧好，我心裡十分內疚。往後長達十多年時間，自責深植在我心裡，也讓我對人生產生懷疑：難道，我們家是深陷在詛咒的宿命裡？難道，我再怎麼努力，也沒有用？

這件事直接影響了我後來十多年的人生。我墮落、逃避，得過且過；我與損友秉燭夜遊，賺到錢就買名車、買名牌，今朝有酒今朝醉……

我就像前面提到的黑白郎君，也像赫曼赫塞筆下的荒野之狼，人性與狼性交戰，白天是個看似正常的人，但到夜晚卻脆弱得如同隨時會破滅的泡泡……

一直要等到三十歲那一年，我的生命，才會出現一個轉彎。

第2章 徬徨少年

父親與朋友在中華商場合夥開設的「北方麵食餐館」，到了我國中的時候，生意產生了變化。

那位合夥人打算舉家移民美國，要結束掉在台灣的生意，於是和父親拆夥。等我上了國三，餐館已經由我父親所獨有，而經營的重責大任，就完全落在母親一人的肩上。

這家餐館只有她一個人在照料，忙進忙出，她比過去更忙、更累，情緒起伏隨之更大，整個家被她的火爆脾氣籠罩。同時，念高中的哥哥完全投入幫派，儘管他還未成年，但打架、砍人幾乎是家常便飯了，學校也一間接一間換，家人為他傷透了腦筋。母親與哥哥，這兩個人的組合，使我們家中無一日安寧。

我上了高一，父親也被分配到了一間宿舍，位在新北投山區，是間別墅型的透天厝，於是我們全家從眷村搬了過去。這一搬，成了另一波噩夢的開端。

這房子的後面，就是防空洞。一到晚上，山風灌入防空洞，就會傳出尖嘯的風聲，簡直有如鬼哭神嚎，聽起來令人膽戰心驚。附近又沒有鄰居，令全家夜夜睡不安穩。

搬過去沒多久，母親就說她常在房間看到一個穿白衣的女人，坐在床頭邊，讓她不敢進房睡覺。全家人每每要等到深夜，父親從外面回到家之後，才敢鑽進被窩睡覺。

膽戰心驚的日子過了幾個月，母親已出現明顯的精神耗弱狀態。我們去問了離那間房子還有一段距離的鄰居，鄰居說：「那間房子你們怎麼敢住哪！以前是有個女人在裡面上吊死的……」

母親一聽嚇得差點昏厥，我們一家連夜打包行李，搬回眷村。搬家當天，母親一個不注意還摔了個大跤。

儘管已搬離鬼屋，但噩運仍緊緊抓著我們家不放。

搬回眷村後，母親身體不時出狀況。哥哥則由於時常聚眾打架砍人，跑少年法庭簡直像是家常便飯。小妹又因溺水離世。而父親呢，他禁不住朋友的鼓吹，為了想賺更多錢，把保七的公職辭掉，拿了退休俸去做代理麥飯石礦泉水生意。

一九七〇年代的台灣，礦泉水算是奢侈品，許多人根本連「礦泉水」這個名詞都沒聽過。也許父親覺得他看到了藍海，一意孤行，幻想要成為代理礦泉水來台的先行者。

可惜父親就像以前一樣，做生意的算盤永遠打不好，我們家裡一箱箱礦泉水堆成一座座小山，一瓶也賣不出去。這場礦泉水之戰，第一局暫時以血本無歸收場。

退休俸燒光了，父親不死心，繼續跟朋友借錢，要不然就是四處起個民間自助會，費盡心思籌措資金。只是生意依然沒有好轉，陷入永無止境的惡性循環：跟朋友借的錢還不出來、自助會倒會、債主開始上門討債。

為了還清債務，父親將我們家在北投與南港的房子都賣掉，清償了一部份，其他債務就只能仰賴母親在操持的餐館生意了。

可是天不從人願。我高三那年，母親經過多年的勞苦，健康終於亮起紅燈，身體垮了，再也無法天天去餐館，而我和大妹還在念書，母親只好叫哥哥去幫忙照顧店裡。

不顧還好，一顧就立刻出問題。有一天，哥哥在餐館打烊後，帶女朋友去店裡玩，離開時忘了關閉瓦斯爐。沒多久，整個店燒了起來，餐館付之一炬……

次日一大早，我們家接到警方通知，連忙趕回餐館。我一看，心想這下真的完蛋了！不止整個餐館燒了個精光，連一旁的古董郵幣店也遭殃，他們店裡名貴的古董與郵票、古錢，全都成了灰燼！

還有，半夜失火的時候古董店老闆正睡在店裡，他發覺情況不對，倉皇之中跳樓逃生，把腿摔斷，差點一條命也沒了。這場火災還登上報紙版面。

肇事者我哥哥必須負責，他依公共危險罪被起訴、判刑，發監坐牢。古董郵幣店的損失，也必須由我們家賠償。我那時親眼看到父母親跪在古董郵幣店老闆面前，乞求他的原諒。

父親生意失敗，餐館被一把火吞噬，先前提到的那間裝潢高檔的港九餐廳，股份也已經沒了。現在再加上巨額的賠償金，我們孫家就此宣告破產。

經過這一連串折騰，母親病倒在醫院裡；父親因為擔心債主上門追債，好長一段時間躲在外頭不敢回家。整個家裡，只剩我與大妹兩人。

有一天，村長陪著債主，終於找上了我們家。還沒有成年、卻被迫必須當家的我只好說：「你看到的值錢東西都可以搬！電視可以搬，冰箱可以搬，統統都可以搬！」

高中的我（左），雖然家中經濟很糟，但我的校園生活倒是挺開心的。

我不過十六、七歲，看到家中遭逢巨變，父母被沉重債務追著跑，心中只有一個念頭，就是我要趕快出社會去賺錢。那時的我沒有責怪父親，但卻痛恨父親的軟弱。父親是個讀書人，完全沒有生意頭腦，在朋友鼓吹之下做起生意，無非是想多賺點錢，讓家人能過更好的生活，也讓妻子能以自己為傲。可是，他耳根子軟又自不量力的行為，卻連累家人受苦。

整個高中時期，家裡接二連三遭受變故，但我的校園生活倒是挺開心的。以前常被同學取笑的矮個子，由於喜歡在學校和同學打籃球，現在已經抽長了身高。每天我都跟同學在學校打打鬧鬧，參加吉他社，成績名列前茅，高中的學生生涯十分快樂。而在眷村成長，看多了打抱不平的事，使得我在高中畢業的前夕，再度做出一件轟動全校的事。

我為了替同學出一口氣，自製一顆土製電池炸彈，從學校的一棟教室大樓往樓下砸，目標是正經過該處的教官。「轟」的一聲巨響，教官毫髮無傷，但是差點被嚇得魂飛魄散。

這麼嚴重的事，自然少不了又是沒完沒了的責難、寫報告、懺悔等等。儘管如此，我還是順利畢業了。但由於家裡破產，媽媽還在醫院，哥哥在坐牢，大妹考上北一女中，這個家必須要有人承擔起養家活口的責任。憑我的成績，要考上公立大學絕對沒問題，不過我還是決定放棄學業，提前踏入社會賺錢。

第一份工作是到外縣市工廠當作業員，負責焊接音響的零件。在這個工作裡，我學到了「專注」的重要性，以及「牽一髮動全身」的道理。只要一個點焊錯，整條生產線就報銷。作業員做了半年，再去擺了半年地攤，跑給警察追的日子過膩之後，又重回我熟悉的西門町，在獅子林大樓頂樓的遊樂場找到一份看守員的工作。

當時獅子林遊樂場是全台最具規模的室內遊樂場，有架高的雲霄飛車，有翻滾樂等娛樂器材，名聞遐邇。這份工作對我來說是如魚得水，從小幫母親招攬餐館生意的經驗，我非常懂得如何讓過路客進場玩遊戲，為公司創造人潮。

當時我負責的是翻滾樂這項遊樂器材，它的特色是讓遊客坐進一個大圓桶中，繫好安全帶之後就開始翻滾，是項很刺激的遊戲。

我想到一個製造噱頭、引人注意的好方法：我進入翻滾樂裡面之後，故意不繫安全帶，而是像隻白老鼠般，四肢張開撐住圓桶，隨著器材三百六十度往前、往後翻滾，完全不會掉下來。

這招的吸睛能力很強，每到假日，總是有很多客人圍觀，看著我這年輕人做特技表演。他們被勾起興趣後，便會上前來投幣挑戰。所以，我負責的翻滾樂總是爆滿，長長的人龍排隊等候要玩。

由於我的特技表演非常具有娛樂效果，加上我長得白淨秀氣，有一些蹺家的太妹、國中妹妹主動來認識我，到後來，我負責的翻滾樂生意好到我一個人忙不過來的時候，她們會主動來幫我為客人繫上安全帶，有的女孩則幫我收票，一分酬勞也不拿。我只需要陪她們聊聊天、吃吃飯就行。

我成功的為公司招攬進大筆生意，但主管卻不高興，他看不慣我的行為舉止，而且不繫安全帶是違法的，況且那時我還沒滿十八歲，會為公司招惹來麻煩。沒多久，我就被主管開除了。

離開遊樂場的工作，我又開始動腦筋，思索著下一步我還能做什麼。不管是當作業員、擺地攤或在遊樂場顧器材，我都希望工作能「創新」。我無法忍受一成不變的工作內容，總是會在枯燥中尋找樂趣。

什麼樣的工作能變化多端？我想到自己長得不差，也許可以試著去考演員。我去報考了一家演藝公司，主試官是常演大俠的衛子雲。被錄取之後，就開始演電影中的龍套角色了。

我是公司的臨時演員固定班底，演過路人甲、乙，演過武俠片中的士兵、傭人，文藝片中主角們的親友。當時的演員有分等級，如果是特約演員，可以扮演跟在老爺身邊的傭人，字幕上能掛名，酬勞也能多一些；如果是像我這種一句台詞也沒有的臨演，每次就只能拿個兩百五十元酬勞，當然也別想在演員名單中看到自己的名字。

沒演戲時，我就站在一旁觀察當時的一線紅星：衛子雲、秦漢、林青霞、周丹薇……那個年代的電影明星我幾乎都見過。一開始跟這些仰之彌高的大明星說話戰戰兢兢，膽子練起來之後，在休息時和他們聊天打屁，便覺得他們也只是一般人。

我也目睹了許多演藝圈的潛規則：想得到演出機會的年輕女孩，與劇務或導演搭上，最後卻是人財兩失。

一九七〇與八〇年代可能是台灣電影工業最蓬勃的時期，我身為臨時演員，從中影文化城演到台北郊外，再到台灣各地出外景，算是增廣不少見聞。做了兩年臨演，拍了幾十部電影，還有部電影的開場鏡頭就是我呢！

不過，臨演工作收入微薄又不定時，維持生計十分辛苦。撐了兩年，滿十八歲之後，我決定辭職，轉往台北市的統帥西餐廳工作。

統帥當時是台北市一流的高級西餐廳。在這裡當服務生的我，學會國際禮儀，也學會餐具擺設；由於有許多外國客人前來用餐，我也學會簡單的法文、英文、德文。

從小在家中的餐館幫忙服務客人，我早已學會服務客人要細心與真誠。那時統帥西餐廳的服務生要輪流去清理廁所，還要把冰塊倒進男生用的小便斗。輪到我清理廁所的時候，我會估算一定數量的冰塊在小便斗裡面，需要多少時間會融化成水，然後適度提早一些時間，就先把冰塊放置進去。

這樣做的原因是，如果尿液落到還沒融化、又堆積太滿的冰塊上，可能會反彈出來，弄溼賓客的褲管。如果剛好有重要客人去上廁所，這種情況會令他不舒服。我特別注重這種小細節，常在客人上廁所前，就事先去檢查冰塊的融化程度，並且把濺到小便斗外的尿液擦乾淨。

我這種細膩的特質，沒多久就被餐廳老闆發現，於是他派我去VIP包廂，負責服務重要貴賓，如國泰集團的創辦人蔡萬春先生。從他身上，我觀察到許多重要的生意之道。

蔡萬春若是來餐廳開主管會議，一行人就坐之後，他拿起菜單，會先告訴主管們：「盡量點盡量點，你們盡量點。」然後，他會第一個點菜，永遠是為自己點一道「彩虹炒飯」。這是菜單中最便宜的品項，就是冷凍蔬菜加上火腿切丁，炒進飯裡。

試問，主管們敢點比老闆更貴的菜嗎？這招便是拒絕奢華於無形之中。但若是帶酒店小姐來用餐，他便會大方地開名酒，叫好菜。

這讓我體會到，一流的紅頂商人在這些場合的進退應對。該大方時大方，但在主管面前時，他必須要忍得了一時，以身作則。

此外，餐廳最重要的是拿捏上菜速度。如果有一群人一起進來用餐，有的人點套餐，有的人單點一兩道菜，服務生必須讓所有人的主餐都同時上。此時與廚房之間的合作無間十分重要，這便是跨部門的溝通。

禮儀，應對，溝通……在統帥一年多的工作經驗，我學到非常多做生意時必須具備的精神與態度。

高級餐廳裡不可缺的就是樂隊，負責營造餐廳裡的氣氛。統帥請了當時華視大樂隊的副團長蕭東山先生負責吹奏薩克斯風，駐唱歌手則是蘇芮與楊黎蘇。

好多年之後，我在一場教會的見證場合中，在我前面做見證的居然是蕭東山。結束後我去找他，問他：「還記得我嗎？我是當年在統帥的服務生。」沒想到他對我還有印象。名聲響亮，曾經歷過紙醉金迷生活的他，如今成為謙卑的基督徒。

蕭東山有次告訴我：「當你覺得自己最了不起的時候，其實人生就再也起不來了。」他在事業發展到最高峰的時候，有一天他太太突然半夜離家出走，不知去向，而他後來才發覺原來所有家產已經被太太變賣了。

經過這次打擊，他也生病倒下，短時間內變得一無所有，家庭、財產、健康都沒了。但他不怪妻子，因為一切都是他自己造成的苦果。

後來蕭東山成為我的薩克斯風老師，也是位令我敬佩的人生前輩。

薩克斯風老師蕭東山教我上課。

在政商名流聚集的環境做久了，見識到社會頂層的闊綽生活，人的價值觀也難免會被影響。當一個人受到惡的力量所牽引，那會是個沒有止境的無底洞。

儘管這份餐廳工作對我來說是得心應手，錢也賺得心安理得，但我渴望賺到更多的錢。那時，西餐廳有同事在群星俱樂部酒店兼差，下班後我有時會跟著他去幫忙，見識到酒店這場合比在餐廳賺錢快多了。十九歲那年，我決定去群星當少爺。

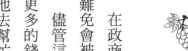

七、八〇年代台北市有幾家知名酒店，包含印地安、大富豪等，群星在其中更是數一數二。在酒店工作，我學到了讓客戶掏出更多錢的技巧，也使我的小費拿得更多。

例如，我會和酒店裡的紅牌小姐串通好，在客人酒酣耳熱之際，小姐便把我叫過去，她接著在客人面前幽幽地說：「這是我弟弟，他想考大學，但家裡很窮，沒有錢，只好來這裡打工賺將來的學費……」

在美人與酒精的催化下，哪個客人聽了不掏錢？小姐收到更多的小費，下班後我和小姐對分，一人拿一半。一個月下來分到三、四萬元是家常便飯。

在酒店裡工作，我也親眼看見中下階層的無奈與痛苦。用現在的眼光來看，他們或許會被稱為「低端人口」，生活在社會底層，為了生計必須隨時低聲下氣，也不受法治公理的庇護。

大家都知道，酒店小姐下班往往是深夜或凌晨，若自己沒有代步的工具，只能搭計程車回家。一天，有位小姐問我：「弟弟啊，你今天下班可不可以載我回家？」我說：「可以啊，怎麼了？」她說：「我昨晚被計程車司機強暴了……」

她受到侵犯，但礙於自己是酒店小姐的身分，又不敢去報案，因為知道警察未必會站在她這一邊，甚至可能受到調侃。儘管受辱，只好忍了下來。

有些人出賣靈肉是為了家庭，有些人是為了虛榮，在這燈紅酒綠的環境中工作，女人們的淚水只能往肚裡吞，等待人生能翻轉那一天到來。但真正等到的，又有幾人？

前來酒店的客人，不外乎是政治人物或是商界的高層、老闆，三杯黃湯下肚後各個都變成畜牲，與他們的公眾形象判若兩人。我在這裡看透了人性的虛偽與醜陋面，也常覺得自己像韋小寶，很會察顏觀色，見人說人話，見鬼說鬼話。從小跟著母親做生意的歷練，使我能穿透對方的語言，確切知道

我在酒店當少爺時的留影（左）。

對方心裡真正想的是什麼。而我也告訴自己：我絕對不要成為那樣虛偽的人。

酒店裡的小姐們都當我是弟弟一般的疼愛著我，不牽涉男女之情，就算躺在同一張床上也不會有非分之想。或許你會問，十九歲的少年，又處在這個燈紅酒綠的環境裡，難道對戀愛沒興趣？其實當時我帶了一位在獅子林遊樂場認識的蹺家太妹回家一起住，很難說是因為愛情還是純粹出於照顧之心。當時的我，一心只想著賺錢，並不想在感情這件事上費太多心。

日子一天天過去，我已快滿二十歲，即將面臨服兵役。有一天我躺在酒店的桌子底下，蓋著被子休息，隱隱約約聽到旁邊有一個聲音跟我說：「你要不要去考大學？」

這個突如其來的聲音，使我從午睡中驚醒過來。我轉身問旁邊的少爺同事：「你剛剛有跟我說話嗎？」

同事一臉疑惑的回答：「哪有啊？」

我說：「我剛剛聽到有人跟我說『你要不要去考大學』。不然我們一起去考，好不好？」沒想到他回我：「ＯＫ啊，一起去。」

不想去當兵的我們倆，就這樣一起報考了大學聯招。

我告訴酒店老闆：「我要辭職去考大學了。」

「你瘋啦！」老闆暴跳如雷：「你在這裡吃香的喝辣的，又有這麼多人喜歡你，考什麼大學！」

我說：「距離大學聯考只剩半年，我要專心準備。這次沒考上，我就得去當兵了。」

一旦下定決心，我就會全神貫注。我把所有對外的聯絡管道都切斷，把高中三年的課程濃縮在半年裡面複習，拚了！我到台北火車站對面的南陽街找了一家補習班蹲著，短短幾個月之內，模擬考成績從班上倒數一、二名，一路晉升成為班上前兩名。當時我覺得考上台大絕對沒問題。

其實，高中畢業後，出社會工作的這四、五年裡面，我每年都會去報考大學聯招，就算考上了我也不去讀。這麼做是為了維持「考感」，也是為了讓家人放心。儘管家裡需要我賺錢，可是我心裡也沒放棄過念書，因為知道從小書讀得好的父親與小學沒畢業的母親，十分希望我能完成大學、甚至是碩士學業。

大學聯考一日日逼近，這時一位被軍校退學的好朋友來找我。

他說：「繼正，我可不可以跟你一起考大學。」

「當然好，一塊報名。」我回答。

他再問：「那考試時你可不可以罩我？」

我說：「如果你剛好坐我後面，我當然罩你啊，那有什麼問題。」

其實我心裡想的是：罩你？我隨便說說而已，你怎麼可能剛好被安排在我後面的座位？

說也奇怪，沒想到座位表一出來，我的位置是在一個排的倒數第二個座位，而他不偏不倚，正好坐在最後一個位子，就在我的正後方！身為眷村子弟，我既然答應了他，就一定要做到。

聯考那兩天，我刻意提前十五分鐘寫完考卷，把這十五分鐘留給我後方的朋友抄答案。這樣子對我的影響很大，因為少了十五分鐘，我沒辦法把考卷再驗算一次。

放榜後，我沒考上台大，而是考上中央大學大氣物理系。軍校退學的朋友則考上東吳大學。但他竟然怪我：「繼正，你怎麼故意讓我抄錯答案？」

我們檢查了答案才發現，原來朋友在考化學的時候，把答案抄錯格子了。一步錯，全盤錯，他落到東吳。

考上東吳的朋友，在大二的時候又插班，轉學到文化大學。我知道之後十分火大，跑去跟他說：「你要讀文化的話，一開始自己去考就好，幹嘛來攪局，害得我沒時間驗算。我本來可以考上台大的！」

他後來成了油品公司總經理。

而和我一起考大學的酒店少爺，現在則是大型建設公司的董事長特助。

曾經是他人眼中的魯蛇少年，如今都各有一方天地。

我考上大學後，最開心的就數父母親了。尤其考上的還是排名不錯的國立大學，在家族裡是光耀門楣的大事。母親驕傲地帶著我環遊台灣拜訪眾親友，像在炫耀：我生的兒子很棒吧！

上大學前，役男要先去成功嶺接受軍訓。當時我留著一頭飄逸長髮，長度已經到了背後肩胛骨以下了。這身裝扮造成全營轟動，營長特別把我叫去，他說：「你叫什麼名字？以後就叫你火爆浪子好了。去剃光頭！」

上了成功嶺不久，放假的時候有個懇親會。一般大專學生只會有父母來探訪，頂多兄弟姊妹。但整個成功嶺很可能只有我一個人的來訪親友是酒店小姐們。一群小姐婀娜多姿，鶯鶯燕燕，為陽剛味十足的軍營增添粉色玫瑰氣息。我們營長樂翻了，他認為我為營區掙足了面子。營長說：「孫繼正，你明天放一天假！我的傳令兵可以開吉甫車載你出營！」

從此之後，我在成功嶺過得可是悠遊自在。

第3章

魔幻青年

我會去考大學，主要原因一方面是不想當兵，另一方面則是我還想要繼續賺錢。

成功嶺結訓之後，我正式進入中央大學大氣物理系就讀，主修太空物理。要說我對這科系是否有興趣，其實並沒有，只不過是選填志願的時候，剛好選上了而已。

剛入學時，總覺得自己與同學有些格格不入，大部分的同學都是高中剛畢業，他們看起來那麼乖、那麼純真。而我，已經在社會中打滾多年，年紀也比同學們大一些。

也許我一身打扮看起來就是「很會玩」的樣子，所以班上同學推舉我當康樂股長，由我帶領他們去參加籃球賽、羽球賽、戲劇比賽等等，屢獲獎牌。至於辦舞會這種事，主辦人也非我莫屬。在學校裡我算是個風雲人物吧。老師與同學們都認得我。

我在中央大氣物理系算是個風雲人物。

入學後住在學校宿舍，室友是一位建中畢業的高材生。他是個自律甚嚴的人，渾身上下散發著一種「自制」的典範精神，讓我算是開了眼界，很佩服他的自制與他對自己生活、時間的管理。

和他當室友，其實對我來說是很好的學習與成長。我們兩人滿要好的，他叫很會玩的我「畜生」；我只好叫他「禽獸」，因為他的功課實在太好了。我發現他不管是週會還是上課，都努力的在做筆記，回宿舍後，他會將筆記分門別類，用活頁本整理好，再收到書架上。

我沒見過這樣的自制與管理，令我驚奇不已。他的人生目標是明確的。進大學讀了一年後，這位同學發現大氣物理並不是他有興趣的領域，大一升大二他插班轉到了台大歷史系，後來出國進修念了哈佛大學歷史研究所，如今他已是中研院裡面重量級的學者了。

從這位同學身上我發現，節制與努力，會將人引導向成功。

他轉學前，我去中華商場買了一把劍送他，但把劍鞘留下給我自己。我跟他說：「你的轉學其實讓我滿難過的，你的知識高我這麼多，不蒙你嫌棄，願意跟我做好朋友。將來我們若都在社會上出人頭地，這劍與鞘就作為我們的信物吧！」

家裡破產後，母親在中華商場幫朋友看管雜貨店，家中的經濟仍然困頓。我一個人來到中壢念書，還是得想辦法賺錢。大一時沒辦法打工，大二時便出去找工作。當時中壢只有一間百貨公司——遠東百貨，我在遠東樓上的舞廳找到工作，兼做老闆女兒的家教。

舞廳在晚上十點前是正派的西餐廳，十點過後就變身為夜店。這也是我的上班時間。每次上班，我總是穿著大學服出現，口袋上方繡著的校名，就拿張白紙遮住。

剛開始的工作是在一樓把風，眼觀四面，看看是否有警察來臨檢。只要一看到警察的蹤跡，我就按鈴通知樓上舞廳，然後舞廳裡面就是一陣手忙腳亂的整理工作，立刻變回正正當當的西餐廳。

有一次我看到有位警察前來，趕緊伸手想按鈴。沒想到警察跟我說：「不用按了，是我啦。」原來那位警察是警局的高階主管，早已與舞廳勾結。

在中壢的舞廳上班，我的人緣與以前在台北的時候一樣好，很快就與整棟遠東百貨的人員混熟。當時中央大學學生在這裡打工的只有我一人，百貨公司裡的櫃姐或舞廳的駐唱小姐都很樂意跟大學生交朋友。有時候下班太晚回不了宿舍，就到她們的宿舍擠一擠，但不至於發生關係。

忙著打工、辦康樂活動，成績能有多好呢？當時我已經被二一，快被三二。有天晚上，有位老師竟然來我們舞廳消費。他講授的課程，正好是我的關鍵科目，如果被他當了，我就會被三二退學，從此掰掰。因此，他等於是掌握著我的生殺大權。

舞廳裡的燈光昏暗，人影晃動，他認不出我是誰。這時，居然有一陣怪風吹過來，吹開了我放在口袋裡的白紙，大學服上面赫然露出「國立中央大學」六個大字，清楚可辨。

「你是中央大學的學生！怎麼會跑來這種地方上班？」老師對我斥責。

「老師，我家裡貧窮，我需要賺錢。」我沒說謊，事實上真的是如此。我接著說：「老師，

穿著大學服的我（中）和同學合照。我在酒家打工時，也是穿著大學服前往。

我是您的學生，您記得嗎？」

老師果然完全不記得我。那天晚上我熱情招待老師與他的朋友，最後他們的消費由我買單。於是，我那可能被當的學科就過關了，被退學的危機就此解除。

雖然對於主修的太空物理不太有興趣，有好多科目被當掉，但如果是我喜歡的科目，我會唸得非常好，往往能考到全班前兩名，反差非常大。

記得最喜歡的是天文觀測。當時全台灣只有台北市立天文館有大觀測望遠鏡，我常喜歡到天文館，透過大觀測望遠鏡觀看星球，土星、木星、月球……還能看到遙遠的黑洞。

而黑洞的背後，可能還有另一個宇宙，我震懾於宇宙的浩瀚無垠。星球也許需要旅行一百萬光年，才映入人們眼簾。宇宙之大，人類何其渺小，在宇宙面前，人類必須要謙卑。

有人說，除了課業，大學還必須修一修戀愛學分。在遊樂場認識、後來曾帶她回家同住一段時間的蹺家太妹，直到我上大學後還是繼續與我交往。她曾坐車到中壢來看過我幾次，但一次比一次精神委靡，彷彿嗑藥過度一般。有次我看不過去，將她訓了一頓，這下就把她罵走了，自此她再也沒來找過我。

後來得知，她在西門町經營應召站，生意做得有聲有色，年紀輕輕就成了老鴇。我想，我們已不是同路人了。

高中畢業後進入社會，我認識的女孩大多是問題少女。對她們究竟是憐憫還是喜歡，有時我也分不清楚。但心裡渴望一場單純的感情，這是肯定的。上了大學，是否會有這種機會呢？

我大三時，一位校花級的學妹入學。巧合的是，她和我一樣，也是復興高中畢業。她一入學就風靡全校，連臨近的清華、交大學生都知道她。當時電視台有個收視率極高的節目〈強棒出擊〉，由沈春華與盛竹如主持，這位學妹代表中央大學去參選節目校園美女單元，與當時最紅的校園美女崔麗心（來自淡江大學）相比之下，我們中央的校花絕不遜色。

為了接近中文系的她，我跟著她一起上古文課與國樂課。久而久之，也培養出一股淡淡的情誼，直到畢業前發生了一件轟動校園的大事，與她分處不同星球、看似只能在各自軌道上運行的我們倆，才有了更進一步的交集。

在單純的大學生活中，人與人之間沒有利益衝突，往往能結識一輩子的知心好友。當時我與其他三位同學同住一寢室，我與張同學的感情最好，他的功課與我一樣差勁。下課後我常帶他去遠東百貨把妹，去舞廳見世面；知道他家庭環境不好、父母關係不和睦，休假時還帶他回北投眷村過節。每次他來到我家，母親總是熱情招待他，煮一桌滿滿的菜給他吃，讓他感受家庭的溫暖。

畢業後他考上長榮航空公司成為飛行員，一直到今天，每年過年他都會匯一萬元紅包給我的母親，視她為親人。在我的婚禮上，他亦抱著我痛哭流涕，不捨我的人生路走得如此艱辛。

同寢室另一位同學，與我共組了個校園樂團，他是主唱，我是樂手。我睡上鋪，他睡下鋪。有一天睡在下鋪的他突然跟我說：「繼正，我很痛苦，我想自殺。」

我從床上跳起來，問：「為什麼？」

他說：「我失戀了。」

「失戀！我從沒看你跟哪個女生交往啊？」

「我喜歡男的……你還記得上次來我們宿舍看我的那位船員嗎？」

我記得，前幾天來訪的那位船員，身材高大壯碩。

同學繼續說：「他說他喜歡你……」

我一聽，嚇到差點沒從上鋪跌到地上。那時窗外正下著大雨，我相信同學的心裡，同樣也下著大雨吧。

升上大四，心想畢業後要繼續念研究所，但我想報考的是政大企管研究所。由於企管與大氣物理是兩個完全不相干的領域，於是我去買了會計學、企管學等教科書回來苦讀。原以為自此順順利利、人生再也不會起波濤，但命運仍然對我無情地嘲笑。

有一天，我與那位同樂團的失戀同學一起去學校附近麵店吃消夜。當時麵店裡同時有兩個小混混，一邊吃麵一邊配點小酒。我和同學坐下點了麵之後，同學瞄了那兩位小流氓幾眼。對方發現了，其中高大的那位一怒之下站起來大罵：「跨三小?!」然後握起拳頭，走過來就要打他。

當時店裡幾乎都是中央大學的學生，圍過來想勸架，沒想到那流氓見自己人單勢孤，竟抄起了麵店老闆的菜刀，就要砍向我同學！

原本要過來勸架的同學們，一看到菜刀就嚇得鳥獸散。當時正在吃麵的我，轉過身踩著椅子飛撲過去，一把抱住那流氓。身材比我高壯的他，在扭打中把我甩到地上，掄起菜刀從上方一刀砍下來，沒砍中躺在地上的我，因為我抓了個櫃子順勢擋住落下的刀鋒。

這時，和我一起去吃麵的樂團同學趁著混亂已經跑上店面的二樓，而且這傢伙把門反鎖之後從二樓脫身。而我，一樓整間店裡只剩我一人和流氓纏鬥。流氓一刀砍中櫃子沒砍到我，我想再打下去也未必占到便宜，於是也乘隙奪門而出。

原以為我和同學都逃跑了，事情應該就此告一段落，沒想到那兩個流氓居然手拿菜刀，追到學校來！

校園中目睹這場景的同學都嚇得驚慌失措。我這時也已回到學校，碰巧跟他們相遇，心想：「我從小在眷村長大，打架砍人的場面司空見慣，我哥還是黑社會，難道我會怕你嗎！」我在工地旁的草叢中找到了根帶著釘子的長棍，一棍揮過去就跟拿著菜刀的那兩名流氓打了起來。

一打二，同學們都在圍觀。闃黑夜色中，校園內只有幾盞微弱路燈，刀來棍去，誰被挨了幾下棍子都瞧不清。校園是我主場，我對環境熟悉，在開闊地形中又有長棍的優勢，幾個回合之內兩個小流氓都被長棍上的釘子劃傷，鮮血飛濺，打到最後，他們一人眼鏡飛了、一人拖鞋掉了，負傷倒在地上，傷口還流著血。我跑回宿舍，跟同學說：我砍人了！

同學紛紛喊道：「這學校裡誰敢打你？走！我們到現場去！」為了助我一臂之力，我的壘球隊隊友一聽到消息，有的抄起球棒，有的拿球套當防衛設備，還有的則急急忙忙拿了顆球準備砸人，一起來助陣。

在回現場的路上，遠遠就聽見警車的警報發出尖銳的哀鳴。這是中央大學創校以來首度發生校園內的鬥毆喋血案。

到了現場，兩個流氓還躺在地上，不能動彈，此時救護車也抵達了。兩人生命無虞，但傷得不輕。當時我知道事情鬧大了。隔天，這件事也見報。

我在學校原本就已經是風雲人物，發生了這件轟動武林的大事，我的層次又進化了一個階層，一躍而成英雄人物。其實，當時我可以選擇跑給流氓追，只挨打不還手，但我選擇反擊，而成了自衛傷人案件。

校長余傳韜先生在朝會上說明此事件的來龍去脈，本意是希

不滿被看一眼
醉漢痛毆學生
嫌犯何兆營被送究

「中壢訊」互瞄一眼，廿三歲的男子何兆營，竟涉嫌在酒後將一名中央大學四年級學生雷孟岳打傷，進而持刀追殺至中大宿舍，經校警及時制止逮獲，中壢警方卅日依妨害自由罪嫌將其移送法辦。

警方說，嫌犯何兆營（中壢市人）於廿九日深夜十一時，與友人到中壢市三座屋卅六號一家小吃店喝

西，當時，店內還有一送法辦。

中央大學大氣物理系四年級學生雷孟岳與孫繼正二人在吃消夜。

當時，雷孟岳見何嫌等人在另一桌吃東西，以爲是學校同學，乃上前「看一眼」，發現不是，又同座繼續吃東西。

未料，雷某此舉引起何嫌不滿，乃不分青紅皂白出拳就往雷身上痛擊一頓，雷被打傷後即迅速跑向鄰近之中大男生宿舍躲避。

何嫌等人見雷某好欺負，竟又持店內菜刀追殺至宿舍，幸校警及時趕到，當場將何嫌逮獲，全案由警方依妨害自由罪嫌移

當年大學生和流氓在校園裡砍殺，可是震驚社會的大事。

望同學們引以為警惕，沒想到全體同學居然起立鼓掌；教官們雖不肯定我的行為，但認同我的義氣。對方告我傷害罪，主任教官還陪我去法院開庭，保護還是學生的我。

當時我只剩半年就要畢業。學校召開訓育會議，結論是要將我退學。但同學不服，許多人主動幫我遞上陳情書；老師也不服氣，連教官都為我打抱不平。在壓力下，校方又召開了第二次訓育會議。事後校長余傳韜先生要召見我，我聽到消息趕緊用稿紙寫了一封悔過書，一見到校長，立刻雙手奉上給他：

語云：「傷弓之鳥悔不高翔，吞餅之魚悔不忍飢。」

學生犯錯之前一意孤行，缺乏耐性及足夠的經驗去思考，以致事後虛擲十分的力量懊惱、後悔。不但愧對父母、兄長的面授叮嚀，更罔顧師長的諄諄教誨。

怨恨有如酸液，它固然可以傷害到別的東西，但對裝酸液的容器——也就是自己的心靈造成了更大的損壞。此事猶如一面鏡子，它認清了自我，也提供了一種警惕。學生必時時刻刻腑記在心，敞開胸襟、不掛記仇恨，對自己的行為負起責任，不再有任何藉口，祈人原諒。

如今承蒙師長惠予見諒，乍逢生機，學生感激不盡。語云：「行者常至，為者常成。」從今而後，學生必然把握此失而復得的機會，不斷地學習與充實自己，努力奮發向上，持之以往，報答師長用心良苦的恩情。

謹呈

校長

大氣物理系四年級孫繼正

我告訴校長，在麵店時，我也可以像其他同學一樣跑走，可是我不能眼睜睜看著好同學好朋友被人砍死。但我知道，在行為上，我是做錯了。

或許我這段自白打動了校長，後來我被懲處留校查看，到畢業之前還有三個月，這段期間朝會升旗要全到，禁止打工。如果乖乖的全都做到，我就能畢業。

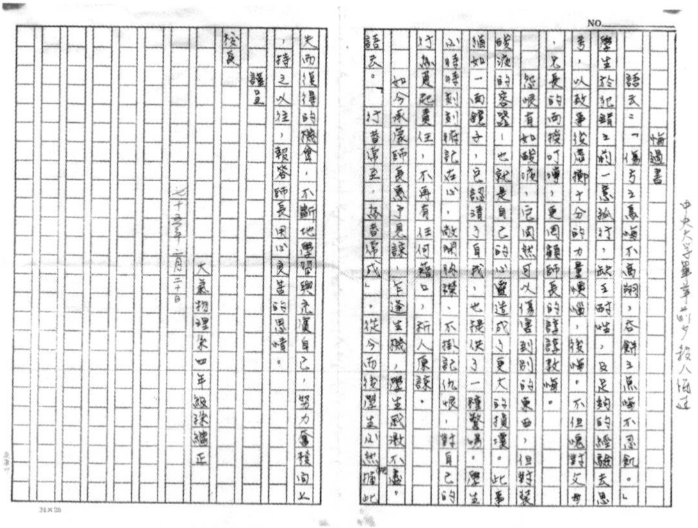

NO.

悔過書

語云：「一傷之易悔不[illegible]，吞餅之[illegible]不忍飢。」

學生於犯錯之前一意孤行，缺乏耐性，且足夠的經驗去思考，以致事後懊惱十分的力量懊惱，後悔。不但愧對父母，兄長的循循叮嚀，更辜負師長的諄諄教悔。

怨恨有如硫酸，它固然可以傷害到別的東西，但對裝盛液的容器——也就是自己的心靈造成了更大的損壞。此事猶如一面鏡子，它認清了自我，也提供了一種警惕。學生必時時刻刻牢記在心，[illegible]、不掛記仇恨，對自己的行為負起責任，不再有任何藉口，祈人原諒。

如今承蒙師長惠予見諒，免遭退學，學生感激不盡。語云：「行者常至，為者常成」。從今而後學生必然痛改此失而復得的機會，不斷地學習與充實自己，努力奮發向上，持之以往，報答師長用心良苦的恩情。

謹呈

校長

大氣物理系四年級 [illegible]

七十五年二月二十日

中央大學畢業前夕[illegible]人悔過

民國七十五年二月，畢業在即，我卻涉入鬥毆案件。這就是我寫下的悔過書。當年的老校長將它收藏了近 40 年，不久前才還我。

畢業典禮那天，父母和妹妹都來參加。但看著同學們一位接一位拿到畢業證書，唯有我沒被發到，當下心裡有些著急。這時有位老師走過來跟我說：「孫繼正，校長要見你，他說，畢業證書他要親自拿給你。」

終於，我從余傳韜校長手中接過畢業證書，拿到得來不易的大學文憑。

終於戴上學士帽。好險！這份文憑，得來不易。

自此我沒再回過母校，也沒與校長碰面。直到二〇一六年，有個基金會的理事長透過我同學傳來一個訊息：余傳韜校長想見我。我很榮幸有這個機會再度見到已近九十高齡的老校長，於是依約前往。

余校長見到我便說：「繼正啊，見到你我很高興，我知道你現在已成了企業家。」

說完他轉過身，將我當年寫的悔過書交還給我。原來，三十多年來他一直保留著這份悔過書。我看見悔過書上面有各處室老師們密密麻麻的批示：退學、留校查看、退學……

最後校長批示：此生尚堪造就，謹予留校查看。

校長笑著說：「我從中央退下來之後，有些值得紀念的東西我都保留著。你這篇悔過書寫得很好，現在我將它交還到你手上，同時，校長希望能將這悔過書放入中央大學復校五十週年特刊中，作為學生的警惕。可以嗎？」

當然可以。由於當年他的寬容，使我免於因砍人被退學與判刑。

「今日的你，比昨日的你，更懂得慈悲與感恩。」他說。

我想起當年砍人事件發生後被校長召見，走入他的辦公室的場景，歷歷在目。「校長，對不起，當年走出您的辦公室後，我將您送給我的勵志書丟進垃圾桶了……」

一位胸臆豁達的教育家，給行為魯莽的青年一次寶貴的機會。這個寶貴的機會，將我從岔路拉回了正途。

二〇一七年，校長又託人傳話給我說：「罷免黃國昌這件事，你做對了。」

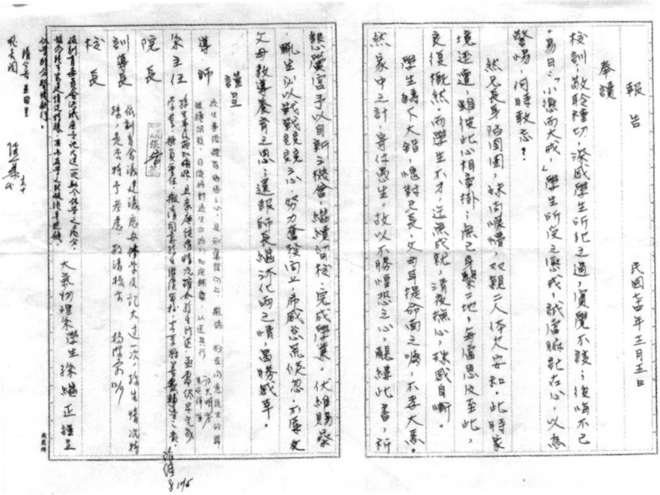

報告　民國七十四年三月五日

奉讀

校訓，敬聆擅切，深感學生所犯之過，實覺不該；後悔不已。易曰：「小懲而大戒，」學生所受之懲戒，誠當牢記在心，以為警惕，何時敢忘？

然兄長身陷囹圄，妹尚幼稚，雙親二人係又安知。此時家境迍邅，雖彼此心相牽掛；然已身繫二地，每當思及至此，更復慨然。而學生不才，迄無成就，清夜撫心，殊感自慚。

學生鑄下大錯，愧對兄長、父母耳提命面之囑，不孝大焉。然家中之計，寄付愚生。故以不勝惶恐之心，謹繕此書，祈懇請寬宥，予以自新之機會，繼續留校，完成學業。伏維賜察，既生必以戰戰兢兢之心，努力奮發向上，庶感恩寬恕，不辜負父母教導養育之恩，遠報師長諄諄化雨之情，曷勝感荷。

謹呈

導師

系主任

院長

訓導長

校長

大氣物理系學生 孫繼正 謹呈

我當年寫了好幾份悔過、檢討報告。上面可見到各級師長密密麻麻的意見。

順帶一提，經過這次鬥毆、庭訊等等的折騰，我想報考的政大企管研究所，沒考上是意料之事。

前面說過，這次事件之後我在學校內晉升到英雄人物的等級。雖沒考上研究所，但那位心儀的中文系校花學妹，卻因著這次事件而成為我的女朋友。畢業典禮那天，她特地前來與我共享畢業的喜悅。這真正是因禍得福吧。

畢業不久後接到兵單，坐著火車下新竹新訓中心去了。

許多男生進入新訓中心的第一晚，會躲在棉被裡面哭。當晚，我也在被窩裡掉下了眼淚——並不是因為害怕當兵或新訓的震撼而哭泣，而是有一種「終於輕鬆了！」的鬆懈感覺。當兵這兩年，是為了盡國民義務，更重要的是，在這兩年裡面我只需要專心當兵，再也不需要把家計扛在身上，不需要煩惱妹妹的學費，更不需要煩惱自己的下一餐在哪裡。讓國家養我的這兩年，我可以放空我的腦袋，不必想現在，更暫時能不去思考未來。

活了二十多年，我第一次覺得自己可以喘口氣。

這眼淚，是歡喜的淚水。

新訓後我抽中陸軍通訊兵，營區在台南白河附近，一個叫內角的偏鄉。這下我更高興了，離家更遠，肩上的負擔似乎又更輕一些。

由於我書法寫得不錯，入營之後我擔任營長的文書，負責整合全營的課表。在軍中謹守本分的我，過著簡單的日子，比大學時更像在過學生生活。

入營半年後移防到基地，部隊來了一位特別的學弟。

學弟第一天到部隊報到，就抱著吉他彈彈唱唱，看見一些阿兵哥圍著聽他唱歌，我也過去湊熱鬧，心想：這傢伙唱歌挺好聽的嘛，有兩下子。

後來得知，他在「大學城全國大專創作歌謠大賽」當中，擊敗過李驥與林志炫雙人組（後來組成優客李林出道），得了冠軍。這位學弟的名字叫做黃國倫。

私下跟他聊過後，得知他大學念的是交通大學。交大、清大和我們中央是「松竹梅」三校盟友，因此更有親切感，加上組樂團的興趣相投，很快地我倆成為彼此的情緒垃圾桶。他兵變失戀了，我聽他吐苦水；我讀了小說或哲學書，也跟他分享討論；放假時我與女朋友約會，我歡迎沒地方去的他來當我們的電燈泡；我喜歡寫書法，他喜歡畫畫；他失戀後吃素，我也跟著他吃素……很快地，我們成了無話不談的莫逆之交。

在部隊中，吃素是很困難的。為了吃素，我和黃國倫自願去當伙房兵，從此鍋鏟主權掌握在我倆手中，煮完部隊弟兄們的伙食後，接著煮我倆吃的素菜。

日復一日煮菜，不喜歡過呆板生活的我倆，心想就從菜單做變化吧。

有一回試著做法國料理，看著食譜做道法式炸香蕉。但我們都不知道油溫要夠高這個簡單的廚房真理，於是炸出來的香蕉軟軟爛爛，像條屎，讓人難以入口。

有一回更挑戰辦一整桌四川料理，每道菜都是辣的，副營長吃了放下筷子拍桌大罵：「踏馬的！每道菜都辣死我了！弄個湯來喝喝，今天是什麼湯？」

我大聲回答：「報告副營長，今天是酸辣湯。」

話一出口，餐廳裡所有弟兄哄堂大笑。

「酸辣湯？這還是辣的呀！」副營長也只得苦笑了。他的脾氣很壞，全營都怕他，好像也只有我們應付得了他吧。

我們最會在枯燥乏味的數饅頭日子中找樂趣，也找賺錢的方法。

當兵每個月的薪水不多，我們突發奇想：當時營區會贈送退伍的阿兵哥一把傘，作為分離的禮物。既然黃國倫會畫畫，我會寫書法，我們何不去美濃買些空白的傘，我在傘面上用毛筆寫些詩詞歌賦，黃國倫畫畫。

一把素傘成本兩百元，經過我倆的創作後，一把傘賣五百元給營區，是划算的生意。這是數學，這是科學！沒想到，這筆生意在軍中還真的做成了！

另外，記得有一次三軍統帥蔣經國總統下令：陸軍也要會游泳。我們這一營被抽中去海軍陸戰隊做海訓。海訓的地點在雲林，全國被抽中的部隊都要到這裡集合。

其他受訓的部隊都穿著整齊劃一、同一色調的游泳褲，而我們這群部隊，則是五彩繽紛、每個弟兄穿的泳褲都不一樣，氣勢一下子就被比了下去。

見此狀況，我跟營長說：「報告營長，我去幫大夥買泳褲回來，以示本部隊紀律嚴正！」

營長當然二話不說一口答應。於是我跟黃國倫向每位弟兄收了錢，就往鎮上去。大批採買泳褲，每條當然能買到折扣後的便宜價錢，買剩的錢，我和黃國倫就去吃香喝辣，飽餐一頓，就算是給跑腿的人一點打賞吧。

放假的時候，我與黃國倫就拿著賺到的一點小錢，去各地探索。

有時候身上只有兩百元，還是能從台南出發前往阿里山，來個兩天一夜小旅行。但扣掉車資，身上只剩五十元了，怎麼辦呢？吃倒是簡單，阿里山上的攤販大多數提供試吃，來回試吃個幾趟也就吃飽了。

當時我們吃素，想著晚上去投宿寺廟吧。半夜一點，兩個小兵鼓起勇氣去敲廟門，有位和尚出來說：「阿彌陀佛，很抱歉現在是法會期間，不適合招待外賓。」說完，就當著我們的面把門關上了。

我們沒想到佛門竟然會給我們個軟釘子碰，沒想到他們竟然忍心眼睜睜看著兩個穿著軍服的年輕人露宿街頭。

無計可施之下，我們只好去找附近由國民黨經營的力行山莊，問有沒有便宜的房間。

「你們身上只有五十塊？我們沒有五十塊的房間啦！」櫃台人員的口氣明顯的不耐煩。

「只要有房間就可以，我們睡哪裡都可以！」我們苦苦哀求。

最後，還真的要到了一間疊放棉被的房間。說是房間，還不如說是倉庫，棉被快疊到天花板，一不小心踢到倒塌下來，可是會悶死人的。

只以五十元就弄到了間房，但我們還厚臉皮的跟櫃台人員要求客房服務：

「我們要去看日出，記得早上三點多要叫我們起床喔！」

總是能用非常少的錢，就在各地玩得不亦樂乎。不管到哪裡，旅程中有時候晚上沒飯吃，看見有人搭了舞台要辦活動，對主持很有天賦的黃國倫，就走過去找到事主，告訴他：「我們可以幫忙主持節目，保證把氣氛炒熱。不用錢，只要給我們一頓飯吃就可以。」

一方面體驗各地風情，一方面用盡各種方法，在社會的不同層面學習如何生

當兵時認識的黃國倫，我們一起四處遊玩，後來成為一輩子的好朋友。

存下來。我們的軍旅生活，真正是多姿多采。

在部隊中，長官們都知道我和黃國倫鬼靈精怪、創意十足，有時候對我們是睜一隻眼閉一隻眼。但其他弟兄可不一定能放過我們了。

黃國倫有著藝術家性格，恃才傲物，加上做事總丟三落四，其他弟兄常需要幫他收爛攤子，搞得大家無法放假，在部隊裡得罪了不少人，很多班長想找機會修理他。

某一天晚上，我半夜半睜著眼醒來，模模糊糊中發現睡在我旁邊的黃國倫不見了！心中頓時有種不祥的預感，我從床上跳了起來，急忙穿了鞋去找他。

在營區裡繞呀繞，黑暗中我看見一群人影，走過去一看，發現是三、四名班長圍著黃國倫。黃國倫趴在地上，身體橫跨過一條大水溝，呈現伏地挺身的姿勢，勉強用雙手和雙腳撐在大水溝兩旁。只要一沒力鬆了手腳，就會摔進深深的水溝裡。就算沒死，應該也會去掉半條命。

當時我也是班長，於是我走過去跟其他班長說：「你們這麼做是不當管教！這件事我可以上報連長，但我心裡不願意這麼做。你們是官我也是官，看在我的份上，能不能就這麼算了？黃國倫是我的好朋友，如果你們要動手，就算我被打死了也要保護他！」

其他班長互看了幾眼，就這麼散了。黃國倫總算撿回了一條命。

退伍的日子近了。我當時是營參三，有時候會代表營長去開師級會議，或是協助寫作戰計畫書，每樣任務我都做得非常好，拿過許多獎狀，得過優秀班長的榮譽，也得過優秀作戰士。當兵兩年，我自認沒有愧對國家。

記得退伍前我曾問黃國倫，你的人生願望是什麼，他說：「我想當音樂家。那你呢？」

「我想當企業家。」我說。

退伍前的最後一夜，我和黃國倫一起站衛兵，與他一起回憶了當兵這段時間的點點滴滴，聊得十分愉快。在黑暗中，我跟他說：「黃國倫你過來。」

他毫無防備走過來。一走近，我大喝一聲：「你聽好！」語氣陡然改變，原本愉快的聊天氣氛霎時消失。

「你幹嘛？」他嚇了一跳，不自覺喊出來。

「我是為國家教訓你！你唷，太混了！混到大家有時候都因為你，被連坐而沒辦法放假。希望你接下來這半年，能為國家好好做事，把資料整理好給下面，你弄不好，下面接的人會很辛苦。」

這些話，我相信他是聽進去了。

記得退伍當天走出營區時，我看著天空，心裡想著：我自由了。同時間，心中也充滿著一種不確定，隱約有種不安的感覺。未來雖然海闊天空任我翱翔，但前途茫茫，此去將是如何？

第4章 立志成為企業家

退伍當天回到台北那個晚上，我接到黃國倫的電話：「繼正，半年後我退伍那天，你可不可以來營房門口接我？」

「幹嘛要我去接你？」這朋友難道真是一刻都離不開我？

「不是啦，有人放話說要給我好看。你不來救我的話，我穩死的……」

「好啦好啦，我去接你。」

半年後，我並沒有去接黃國倫退伍。原因是他母親打了通電話給我，跟我說：「繼正啊，我跟你說，你不要去接他。我叫國倫好好禱告，上帝會帶領他平安退伍的。」

我相信黃國倫母親的話，於是把他的命運交給上帝看管。果真如他母親所說，部隊中無人找黃國倫麻煩，他平平安安退伍，毫髮無傷。

退伍前我與黃國倫曾互訴夢想，「我想當企業家」這個企盼，動機來自於我很想要賺錢。我的原生家庭確實需要錢，另一方面，與我交往的中央大學學妹在我當兵後期考上華航空姐，她一邊受訓、一邊會抽空到台南來探望我，看著她越來越懂打扮、神采飛揚的樣子，一股不安襲上心頭……我和她的距離，好像會漸行漸遠……我退伍之後，她也正式上線服役，在世界各國四處遨翔，我必須要當個襯得上她的男朋友才行。

哪種職業是成為企業家的最佳起點？哪種工作能打破死薪水的界線，創造高收入？想來想去，能符合以上這些條件的工作是「業務」。到第一線去與客戶接觸，瞭解人們的真實需求。業績若做得高，當然分紅也不會少。

打定主意後，開始找工作。我找到一家位於台北天母、名為怡樂智（Electrolux，現名為「伊萊克斯」）的外商公司。這是一家專門生產頂級吸塵器的瑞典公司，一部吸塵器動輒要價三萬台幣，在民生消費水平普遍不高的一九八〇年代，怡樂智主要銷售管道不走實體通路，而是靠業務員挨家挨戶敲門去推銷商品。

當時和我一起去應徵怡樂智業務的有二十多人，大學學歷當業務的新鮮人很少見，經過受訓一關關淘汰後，最後只剩我與另一人。但被錄用並不代表就此穩當，真正的考驗在後頭——我能從與客戶面對面的實戰場中倖存下來嗎？

受訓的課程中，公司教了一套業務接觸陌生客戶的SOP：第一，

touch，亦即接觸與打動。第二，demo，實際操作商品。三，un-opinion，反對意見處理（如果客戶質疑或拒絕）。四，close，結案與下單。

可是正式上場時能這麼順利嗎？

八〇年代的台北，東區與信義區還未興起，天母地區算是台北最高級的住宅區。這裡的居民，正是怡樂智鎖定的客層。第一天上班，我打扮得乾淨整齊，將體積不小的吸塵器拖上摩托車，出發去找我的第一張訂單了。

天母地區有為數不少的公寓、華廈，也有社區型大樓。我鎖定的是大門沒有管理員或保全的公寓。當時的人們較無戒心，往公寓門鈴隨便按一間，就會有人幫你開大門。一般來說業務員會提著沉重的吸塵器先從最高那層開始敲門，因為若從二樓開始敲門被拒絕，可是會提不起勁踩著樓梯往上爬的。

那一天從早上到下午，我敲了四十多個門，沒有一戶願意讓我進門示範。我心灰意冷，爬到某戶公寓的頂樓想要抽菸。當時天空下著雨，菸掏出來之後被雨水淋濕，我灰心至極：「媽的！今天我連菸都抽不成！」

挫折感在我心中越擴越大，我對自己說：「好，我就再敲第五十個門。如果不成功，這工作老子就不幹了！」

提著吸塵器一邊走下樓梯，我一邊想著：別再管公司教的SOP了，我要把所有步驟放一邊，用我自己的方法突破「touch」這道關卡。

沒想到這門一敲下去，正好敲到一對正在吵架的夫妻。他們開門見到門口是個推銷員，立刻把我臭罵一頓，砰的一聲把門關上了。

此時我心中的氣餒已快到頂點，我再對自己說：「再敲一個門，一個就好。這是最後一個。」

門一敲下去，應門的是一位歐巴桑。公寓一般有內、外兩道門，住戶通常只先開裡面那道門，但那位歐巴桑由於聽力不佳，於是把外面那道門也微微打開，問我：「什麼事？」

眼見機不可失，我立刻伸出一隻腳去卡住門縫，不讓她把門關上，緊接著說：「阿姨，揪拍謝，我今天第一天上班。你們這棟我幾乎每一戶都敲了，都進不去，我本來打算辭職了。我是賣吸塵器的，是很貴的吸塵器。這樣子好不好，既然今天我都已經來了，妳讓我進去，妳不用跟我買東西，但這吸塵器很棒，可以洗紗窗，可以打蠟，可以吸地板，也可以把妳床上塵蟎吸一吸，讓妳親眼看到床上原來有這麼多塵蟎。我幫妳做全家大掃除，不用錢，給我一個小時就好，弄完我就走了。」

我暫時拋下公司教的SOP，反而請求她給我一個機會，把姿態放軟，並且誠心誠意地說話。歐巴桑看了我一眼，把門打開。

我終於得到進門的機會了！這次經驗對我很重要，我從此瞭解到，**人與人之間在初次接觸時，溝通時間必須拉長；你必須用讓人聽得懂的方式說明，用誠心去感動別人。**

雖然沒有成交，但我已經得到很大的突破。

那天回到公司，我很開心的跟所有同事們說：「我回來了，沒有陣亡！」

找到突破客戶心防的方法後，接下來吃閉門羹的機會少了點，但從初步接觸的 touch，到客戶買單 close 結案，仍是步步艱難。

記得我曾進到過一位天母獅子會會長的家，我坐在他家沙發上被整整羞辱了一個小時。並不是我的促銷手法有問題，而是省籍情結作祟。我那時不太會說台語，明顯操著一口外省腔，他用台語跟我說：「台灣囝仔不會說台語，那還有什麼好談的。」

往好的方向看，我的確該把台語學好，這才接地氣；往負面方向看，台灣這種省籍情結意識形態，島內不團結，何來力量一致對外？

我還曾進到過一位大同公司處長的家。處長說他已經有吸塵器了，不是怡樂智的，但也是很好的吸塵器，不需要再買一部吸塵器。我說沒關係，處長的吸塵器應該很久沒有清理了吧，我今天來了，可以幫你清理與檢查一下。

我幫他檢查包括過濾棉、集塵袋裝得正不正確、是否有破洞、吸力是否下降了……幫他檢查了半小時後，處長跟我說：「年輕人，有一天你會成功。你有成功的特質。你做事不會以利益為目的，在工作當中，我看到你的誠懇跟熱情，你樂在工作。」

我跟處長說：「當我成功那天，我一定會寫卡片給您。」

這位大哥的鼓勵，成為我朝向目標前進的動力之一。許下這個承諾，也是為了激勵自己。

後來有沒有寫這卡片呢？我寫了。創業之後，我按照之前留的地址寄卡片給那位大哥。雖然沒收到回信，但也無妨，重要的是我實踐了這個承諾。

成交率低，體認到我的業務技巧還有很多不足之處，也體會到一個人作戰真的非常辛苦。

有句台語的俗話說，「業務無師傅」，不過當時天母公司裡有一位全台灣業績前五名的業務，我很想跟著他學習他的技巧，於是我找了個機會跟他說：「你一個人住外面，太孤單了，房租又浪費錢，要不要來住我家？」

我家的忠義眷村在那時已改建成國宅，我們家分到一層公寓。我一個人睡一間大房間，多個人來跟我住，空間綽綽有餘。

不需要付房租，離公司又近，這麼好的條件，他當然樂意之至。於是我們就開始以兩人小組為單位，彼此相互支援，展開作戰。

我們通常在前一天深夜先在家裡進行沙盤推演，中午再出門拉業務，到傍晚就去打籃球、泡溫泉，然後繼續敲門，工作到晚上十一點多回家。

以兩人一組為單位的優勢是什麼呢？例如在家帶小孩的家庭主婦，我們可一人跟主婦展示商品的優點，一人幫忙帶小孩。組成作戰小組之後沒多久，我們的成交率就有顯著增加。

除了公寓型態的住屋，天母與北投的山區還有許多值得開發的高級社區。我曾敲過鄧麗君她在北投「丹鳳山莊」的家，庭院的門沒有關，我便直接走進去了。她家很大，庭院中有個很大的盪鞦韆；房門也沒關，放著一張她的大照片；可惜是當時她並不在家。

鄧麗君的生意沒做成，但我倒是做成了王祖賢家的生意。那時王祖賢已經成名，住在天母的別墅社區裡，我成功把產品賣給她的家人。

還有，王祖賢當時居住的這個社區，日後讓我做到不少的業績。有錢人很難突破，可是當你突破一個點的時候，就能從一個點做到一條關係的線。我與這個社區接觸的時候，不止是推銷吸塵器而已，當社區要辦活動時，我還會自告奮勇協助幫忙。於是，再從一條線，做到整個社區的面。到後來，那個社區的吸塵器幾乎都是跟我買的。這種方式，**是將「業務技巧」進一步擴展成為「人與人之間的關係」，比冷冰冰的推銷技術有效多了**。

還有一次我騎著摩托車，載著住在我家的同事去送貨。途中發生車禍，我們兩個人沒事，不過吸塵器的外殼磨損了。同事說他想回去公司，換一個新的吸塵器交貨。但我說：「我們和客戶約定了送貨時間，雖然現在貨受損了，我覺得我們還是應該要送到，這是一種態度。也免得客戶以為出車禍是我們無法準時出貨的藉口。」

重新騎上車，還是依約把吸塵器送到客戶手中。客戶是聯合報的專欄女作家，我們把吸塵器從箱子裡拿出來，我接著跟那位女作家說明路上車禍，使吸塵器受損，本想回去換一台新的，但我們既然約好了時間，還是準時趕來。然後我照例幫她把紗窗、地板等地方清理乾淨，證明吸塵器還是可正常使用。

這些舉動感動了她，還將這段小插曲寫成文章，刊載在聯合報，篇幅有半版之大。

在學習業務技巧之外，我還體認到「時間管理」與「客戶資料管理」的重要性。

一個成功的業務人員，不止要收集客戶資料，還要分類，紀錄下來客戶的特質：哪個客戶需要持續反覆去拜訪，哪個客戶願意幫你介紹新客戶等。如果願意幫你打電話的，那就分類到 A 級客戶。

除了平常日，一般人較有空的假日，也是擴展業務的重點時段。當時我會利用假日比較不塞車的時段，騎著摩托車往比較偏遠的地方跑業務，甚至跑到山上去。

還記得有一次去到住在山上的一對年輕夫妻家。他們喜歡音樂，恰好我也喜歡，彼此一拍即合。屋子當時連裝潢都未完成，我跟那對年輕的夫妻就靠著客廳的牆壁坐著，夫妻倆和我有時彈著吉他、有時起身彈彈鋼琴，我們聊了一個晚上的音樂，直到清晨。到了不得不離開的時候，年輕屋主告訴我：你明天把吸塵器送來吧。

我的業績扶搖直上。一年半之後，薪水從一萬多元翻倍到月領四萬多。我用賺到的錢買了一輛二手的BMW。我當時是這樣想：我開著這輛車，去華航接空姐女友下班，這樣她會很有面子，而我也能少點自卑。這種打腫臉充胖子

沒想到我以前勤練音樂，這番技巧讓我在推銷吸塵器的時候獲得一些優勢。

的行為，現在想來真不可取。

我和同事的業績不但達標，還做到可以出國旅遊了。進入怡樂智才一年半，我就和同事們一起去泰國旅遊。

這是我生平第一次出國。旅程中，某一天我脫隊，一個人走到泰國的某個海邊，坐在那裡沉思了好一陣子。我思考著我的未來。

怡樂智是一間典型的業務導向公司。資深的業務，或多或少染上些不好的習性，他們靠口才工作，沒想過自我充實這件事，而且抽菸喝酒，男女關係複雜，賺到錢就出國玩。看著他們在國外，四處撒錢毫不心疼。

怡樂智這工作就是我的人生規劃嗎？十年後，我想成為跟他們一樣的業務嗎？答案是否定的。

再者，業務這工作是會歸零的。雖然當時每月收入可接近五萬，算是高薪，但如果哪一天我倒下了，又會回到最低薪資。

其實，我真正想要做的事是創業，但當時沒有know-how。

年輕時的泰國之旅，讓我沈澱下來好好思考前途。

做業務的 know-how 我有了，但其他呢？

於是我得出一個結論：我必須離開這裡，去找一份能學習到業務之外的專長、不會歸零的工作。

回台灣後，有一天我在東區逛街，看到忠孝東路與敦化南路交叉口有一間門市，正在徵台灣的儲備幹部——百年金銀珠寶。

百年金銀珠寶是香港新鴻基集團來台灣投資的公司。當時它在台北的店面很大，我後來知道光是店面租金，每個月可是要上百萬台幣。百年在全台各地設有分公司，台北市東區是總公司，北中南共開了二十多家買賣黃金的門市。

我被這間公司氣派的外表吸引，便將履歷投了過去。

百年的重要幹部都是香港人，每個人都是穿著入時的型男打扮，這點讓我更確定我的選擇沒有錯。儘管薪水低，兩萬元不到，也沒有獎金，但我願意放棄先前業務的高薪，從頭開始。

進入百年後，我才得知原來那氣派的門市表面上是賣金銀珠寶沒錯，但背地裡，百年真正經營的是黃金期貨交易。

今天的黃金期貨是合法的投資管道，但當時尚屬違法，因此這個不能見天日的交易就躲藏在地下室進行。但應徵時，我並不知道公司還有這項業務。

一開始我的工作是坐在門市櫃台旁邊，做著類似總機的工作。我一邊接電話，漸漸瞭解原來公司的業務是以期貨為主。從全台各地打電話進來的客戶，他們往往問的是行情與投資，我認為我最重要的工作是維護公司與客戶之間的關係，便用上了在怡樂智學到的業務技巧。

當公司的業務在外頭奔波時，我跟他們說：「客戶有任何反應，請他們盡量打電話給我，我來解決。」

很快地，我成為業務們很好的幫手，也成為客戶信賴的對象。我專心聆聽客戶們在電話中對我傾訴他們的家務事，甚至有時候客戶下單來不及補錢時，差個五千、一萬就要被鎖單，我就幫他們補進去了，幫客戶降低損失。

黃金期貨是一百二十倍的槓桿，也就是投入一萬元，就會達到一百二十萬上下，指數只要上下差個十點，就有可能賠光。會來玩黃金期貨的人，就是想以小搏大，以為小錢可賺大錢，但在高風險下，幾乎都是賠。

黃金期貨也有其專業，當時與股票相關的知識例如波浪理論等，我全都涉獵了。黃金的價格與很多事情息息相關，我都努力研究，例如黃金與聯準會FED調升、降利息的關係、黃金與外匯的關係、黃金與股票和不動產的關係，甚至與新台幣的升貶等。

在那個行業中，我接收到與世界經濟局勢接軌的第一手消息。當時台灣還沒有網路，我們使用的是路透社傳來的外電消息。據我所知，其報導的行情實際上與國外是有落差幾秒鐘的，這就成為台灣公司操盤時很重要的依據。

百年在台灣擁有這麼多據點，但它有一個主要的「盤房」。每當客戶下了單，例如進來一張一億元的單，盤房要決定這個單要不要丟出去。但幾乎都不會丟，因為當時台灣的短線操作無法脫離人性，公司都賭客戶百分百會輸，所以將單子全部吃下來。整體來看，客戶輸面居多，而公司則賺很大。當然也有公司大虧的時候，往往是碰到江湖老手之時。

我的客戶服務做得十分出色，我也成為許多客戶信任的對象，甚至有客戶直接跑到總經理面前大大讚賞我。上班不到半年，總經理就給了我一間大辦公室，為我成立客服部門，讓我能在這間辦公室裡，心平氣和地處理客戶的疑難雜症。

客戶們在我的客服部門獲得妥善照顧，便願意多多來下單，公司業績也就順勢成長。

公司看到我的戰功後，總經理跟我說：「繼正，在所有的分公司中，你可以選一家店，去當那家店主管的助理。」

我說：「好！不在台北沒有關係。」

總經理又說：「任你選。」

不需太久，我就做出了決定：「我想去台中。」

百年在台中有兩家分店，我就在這兩間分店兩邊跑。

台中的幹部照例也都是香港人，看起來很體面，但心思並沒有放在工作上。下班後就往俱樂部與酒家去尋歡。

但我是把這工作當作事業在看。我跟這些幹部說：「你們白天有事就出去，把門市交給我，我會看顧得很好，儘管放心。」

於是，台中這兩家分店裡，無論是人事、客戶、營運，變成我一手包辦。一家店有十來個員工，雖然人不算多，但在這裡我學到了管理的竅門。放假時，也利用空檔去上了企管顧問公司的課程。

將台中分店管理得有聲有色，總公司新鴻基集團招待我去香港觀摩。這是我第一次去香港，看到街上的商務人士手拿大哥大，走路分秒必爭，穿著打扮講求氣派，也懂享受。是個以利益為優先考量的經濟體系。

看到這樣的情景，我心裡有了個底數：香港人在台灣經營的公司，應該不會長久。

我提醒自己，不要像香港人一樣，沉溺於資本主義的表象中，卻忘了生為人的價值。

更重要的是，我得要趕緊儲存自己的實力。

抱著這種憂患意識，我回到台灣。

總經理看到台中兩家分店的業績有顯著成長，又跟我說：「繼正，既然你有幫公司的能力，你再選一家店，我讓你去那裡當主管。」

我問總經理：「全台灣業績最爛的是哪家店？」

他說：「永和店。」

我說：「那就去這家店吧。」

我轉身離開他辦公室的時候，總經理又接了一句話：「你去這家店三個月後還是做不起來的話，我就要收掉這家店！」

第5章

啟動善的力量

永和店由於業績太差，店經理已經被炒魷魚。剛到任時我掛的職銜是主任，但做的實際上是經理的工作。

在整頓前，我要先瞭解這間店為什麼會做不起來。經過觀察、談論之後，我整理出三個主因：第一，內部不團結，因為業務的獎金不均等；第二，有獎金與沒獎金的員工，薪資落差太大；第三，從白天開店到深夜，時間拉太長了，大家各顧各的，一盤散沙。

理出了頭緒，我訂下一家餐廳的包廂，請永和店所有員工吃飯，席間我說：「公司已經明確表示，我履新三個月後，如果永和店還是沒有起色，就要收掉這家店。你們在座的各位，就當這是場鴻門宴，有什麼意見，儘管說出來。今天大鳴大放！」

眾人七嘴八舌紛紛講出心裡的話。聽他們發表完意見，我再說：「聽起來並沒有更好的建議，你們不妨都先聽我的，好嗎？」

於是我開始分配工作。有的人負責陪客戶聊天，有的人負責幫客戶照顧小孩，有的人負責打掃門面……還有的人專門負責做好客戶服務。我請負責客服的同事先煮好一鍋紅豆湯，客戶晚上來的時候，如果能喝到一碗溫馨的甜湯，日後自然想一來再來。

還有，我說，做到業績後，大家可以均分紅利，公公平平，誰都不會有意見。

「不同意我的做法的人，可以離開這家店。」我繼續說：「留下來的人，這三個月我們就盡力為這家店打拚。」

沒有人離開，大家都決定留下來。

留下來的員工中，有一位跟我一樣是主任級，他仍然在指揮東、指揮西，並不把我的建議放在眼裡。為了貫徹整頓，一個多月後，我請他離開這家店。

這位員工是副總經理的親信，副總經理來跟我說情：「繼正，你不要開除他，他是百年的資深員工，沒有功勞也有苦勞。」

我說：「副總，你們既然派我來這家店整頓，就要信任我。這家店若收了，他還是得離開，到時公司還是得幫他安排去處。如今我說到做到，不會更改決定。」

副總經理最終還是同意我的決定，讓那位主任級的員工離開。為了不影響他日後生計，我透過朋友幫他找到了另一份工作，讓他離開不帶著埋怨。

在我的全權管理之下，半年後，永和店的業績做到了全台分公司第一。

我一躍成為公司的當紅炸子雞。

正當百年在台灣業績大好之時，總公司香港新鴻基集團，卻在此時把百年頂給了台灣的黑道勢力。

我的擔憂成真。香港公司根本不打算永續經營，獲利了就想脫手。

公司宣布轉手後，有位地主投資失利賠了七百萬，心有不甘，來永和店吵著要我們退還他錢。我當然不可能答應，也沒有這種權力，雖然黃金期貨是非法交易，但那位地主確實是因為下錯單而賠錢。我只好將他交給總公司處理。

談判當天，他帶著一票警察抵達忠孝東路的百年門市，公司則派來了一票黑社會大哥。黑白兩股勢力，壁壘分明，相對而坐，長型的會議桌一側坐著整排警察，另一側則坐著整排大哥。

不管黑道或白道，都是必須要講出一番理的「道」。在談判過程中，公司當然會先問永和店，在交易過程中有無疏失。我拿出單據，證明業務助理一切照規矩來。

在這次會談當中，我看見警察並不因為自己是白道而盛氣凌人，黑道也拿出證據，有憑有據講話。兩方就在「講道理」之後達成共識——公司暫退一步，由百年賠還給那位地主一百萬。這件案子從此了結。

我哥哥那時是北聯幫一份子。我並未隨哥哥加入幫派，但沒想到，卻因為工作的關係，成了黑道企業的一員，見識到頂尖黑道大哥的排場。黑道大哥們看起來都是斯斯文文，出入名車，全身名牌，跟企業界大老闆沒兩樣。

身處這樣的染缸中，我也養成了浮誇的消費習性。短短一年多時間，月薪已調到十四、五萬元的我，繫著一條三千多元的BOSS領帶，開的是貸款來的捷豹中古跑車，晚上下班後就被大哥帶去酒店飲酒作樂，見識到頂尖大哥與紅頂商人在酒店出手之闊綽，以及玩得有多開。在一九八〇年代，就已經有人繫著跑馬燈式的 LED 燈領帶，在夜店中獨領風騷、引人注目。

但另一方面，我也預備將來要去考期貨執照與股市分析員，我閱讀大量與股票相關的書刊，充實專業知識。

大哥們很看重我，他們覺得我聰明伶俐，專業能力在公司中數一數二，談判時喜歡將我帶在身邊，我是他們漂白黑道公司的棋子。

當時調查局三不五時會來查，公司往往會推派我去調查局接受訊問。調查局人員看到我去，每次都調侃我：「你又來啦。」如例行公事般，總是問一問就放我離開。

我在黑道企業上班時的樣子，外表看似光鮮，心裡始終驚惶又難以安定。

儘管身處虛浮的花花世界中，我仍然與好哥兒們黃國倫保持密切往來。

我剛進百年總店時，黃國倫正好在公司附近的西餐廳駐唱。他的外表始終如一，而我的穿著打扮已經隨著時代不斷演進，幸好兩人的情誼並不會被這些外在差異影響，我時常帶著百年的業務們去西餐廳捧他的場。

這時的黃國倫還在追求著當音樂家的夢想，跟我當兵時認識的他一樣，沒有改變。他一邊在餐廳駐唱，一邊寫歌，生活過得拮据，但甘之如飴。

有一年黃國倫生日，我帶著羊肉爐去他新莊的租屋處看他。房子很小，他在這裡為歌星寫歌，仍然名不見經傳。雖然他看起來落魄，但他的心裡卻很平和，很穩定。他對我說：「我相信上帝會用我的音樂，為祂工作。」

我送黃國倫一條BOSS領帶作為生日禮物，他說：「繼正謝謝你，我信耶穌了，這本聖經送給你。我知道你現在還不相信上帝，但我相信總有一天，這本聖經能幫助到你。」

送他名牌領帶，其實我心裡面的出發點是虛榮，我想要藉此跟我的好哥兒們說：「你看，我混得不錯吧。」因此，我送的並不是他需要的東西，只是送出我的優越感。

他從未繫過那條領帶。

反而是他送我的精裝本聖經，一直被我帶在身邊。回公司後，我把聖經放在辦公桌上。為什麼放這裡？當時我認為，員工看到我桌上有聖經，會覺得我是個好主管。我把聖經當作護身符一般看待。

日後不管我被調往哪裡，這本聖經總是會在辦公桌的一角，靜靜地看顧我。

在百年工作，我認識了在我生命中具有極其獨特地位、又十分重要的一個人——桂瓊，我的前妻。

認識桂瓊，我漂浮的心終於安定下來。

桂瓊是百年在永和店的會計。從小打籃球的她，身高接近一七〇，對待人總是和和氣氣，非常勤儉，身上沒有任何浮誇的氣息。她的老家在永和經營麵攤，她是家中長女，從小養成了照顧人的性格，寧願苦自己，也要對別人好。

當時她幫了我一個天大的忙。

我為了幫公司業績做得更好，剛進公司起就經常自掏腰包五千、一萬幫客戶補不足的錢。到了此時，我的膽子更大，有時會挪用永和店金庫裡的錢，幫客戶補現金的缺口。每次我心都想：反正之後再補進去就好。

沒料到有一天，總公司突然來臨檢，我還來不及補錢進去，而那天金庫裡短少了四十萬。桂瓊二話不說，用她自己的積蓄，先幫我補進了四十萬。

我是桂瓊的主管，她總是留意我的需求，有時候看到我的西裝褲腳綻線了，她會叫我拿給她補一補。她是個難得的好女孩，她內在的美好與溫柔，漸漸進駐我的心。

有一回，桂瓊帶我去她家拜訪，那時候我們還沒有正式交往。她家是三代同堂，她爺爺在我身邊三百六十五度走了一圈，像在看女婿一般仔細。桂瓊的家庭非常樸實而良善，她的父母會在麵攤收攤後，將剩下的滷味分送給附近的流浪漢，讓他們飽食一頓。

一身光鮮亮麗的我走進她家，桂瓊的家人對我打上個問號，一點也不意外。她家人私底下告訴桂瓊：「妳怎麼會交一個這樣的人呢？」她的家人認為我這個人不實在，也不可靠。

老實說，當時我也認為我是個不實在的人。

但桂瓊卻對她的家人說：「繼正很好，他很善良。」

女兒心裡做了決定，她的家人也就默默支持女兒了。她的父母說：「如果妳想跟這樣的人交往，那妳就必須改變他的習性，讓他變好。」

這些都是我後來得知的事。

從小，我接觸到的都是負面的事：破產、死亡、聲色場所、黑道……當時對我來說，一切正面的事，背後一定有其目的。但是，他們這一家人是這麼的正面，而且絕對沒有任何目的。

桂瓊的特質，以及她的家人，深深吸引了我。

同一個時間，我與交往數年的空姐女友，也走到了瓶頸。我的價值觀變了，她的生活也在變，兩人漸行漸遠。我知道當時她與一名空少往來得很密切。有一回我正好要去香港出差，她也剛好要飛到香港，飛完這班後她有幾天休假，我們就坐同班飛機去香港度假。

我當時猶豫著：是否到了結束這段感情的時候了？

與她相處幾天後，我發現在她心中，我的存在已經很淡很淡。於是在香港的最後一天我做了決定：我選擇的女人是——桂瓊。

公司又要將我異動。

黑道接手百年之後，公司規模拓展得越來越大。總店此時已有六十多位員工。

我接到總公司的通知，要我回忠孝東路總店接經理的職務。

當時總店最大的主管，就是應徵我進百年的副理，資歷比我深，年紀也比我大。我調回總店擔任店經理，等於回頭過來我成為她的主管。這教她心裡很不是滋味。

為了讓她心服口服，我先觀察在哪些地方可以幫助到她。她有家庭有小孩，有時候顧晚上的班不方便，我便主動跟她說：「你先回家好了，晚上我來顧就行。」

她與客戶有點小糾紛時，我便出面幫她化解。時間久了，副理的態度就漸漸軟化了。

這個時候我還沒有信主。日後信主了，我才發現，原來我身上有「幫助人的恩賜」，不管是在金錢、物質或心靈方面，我總能感受到人們的需求。

易手給黑道後，公司不再是企業經營，而是更以炒短線來吸金。此時，公司等於是走在一條鋼索上，危危顫顫，隨時都有失足跌落的可能。

危機，已逐漸近逼。

當時全台灣黃金飾品交易最熱絡的就屬總店，全台灣也只有這家店有工廠，我在那裡的地下室工廠看到師傅如何熔金與維修黃金飾品。此外，黃金產業的上下游，從進貨到最前端的銷售，我都去通盤瞭解，包含鑽石的買賣也略有涉獵。一面管理總店的同時，這些實實在在的專業知識與人脈，對我日後創業有很大的幫助。

在百年工作已近兩年，身邊的人各個表面光鮮，錢來得快但也去的快。身上雖然穿金戴銀，但口袋其實沒有多少錢。我的心，漸漸有種不踏實的感覺，甚至起了些反感。

此時公司又給我新的任務。先前我曾去支援過的台中公司，香港籍的經理辭職，業績也變差，要我去台中幫忙四個月。

此次下台中，我把身邊所有人馬都一起帶下去，包含一位我看中的幹部。到了台中一段時間以後，我發現他私底下佔用客戶的款項，我別無選擇，只好開除他。

念及舊情，我讓他一邊繼續住在台中宿舍，一邊去外面找工作。

只是沒想到，公司崩解的時刻竟然這麼快就到臨。我本以為這次回台中是享福，有一天我接到副總經理的電話：「繼正，公司要收起來了，你把金庫裡的黃金全部搬回台北！」

對我來說，簡直是末日。

頓時我覺得人生已失去所有希望。

我並不急著搬黃金條塊。我和那位被我開除的幹部，還有其他同事，先在台中宿舍打了三天三夜的麻將。

總公司見我沒動靜，於是直接派人下來台中，要搬金庫裡的現金與黃金條塊。

我心中十分掙扎，究竟該不該讓同事帶走。最後決定棄守，我說：「好吧，惡性倒閉就惡性倒閉吧，你統統搬走！」

搬黃金的同事才剛走，我瞥見辦公桌上那本黃國倫送我的精裝聖經。這本聖經已跟了我很長一段時間。

一方面是心裡焦躁，一方面反正閒著也是閒著，於是隨手翻開聖經，沒想到卻看見黃國倫在扉頁上寫著：**繼正，你若親近上帝，上帝必會大大親近你。**

怪了，我以前都沒注意到他有在這裡寫字。

頓時，我的良心被這一行字跡啟動了。

我心想：這些現金與黃金被總公司搬走，意味著台中客戶投資的錢不就全部完蛋了嗎？員工也沒有薪水可以領。總公司不能這麼做！

我立刻請人騎摩托車，快馬加鞭趕到台中火車站，把價值超過千萬的黃金條塊全都追回來。

留下條塊，我開始清點台中公司的資產，並且跟員工信心喊話：「你們不用擔心，所有事情我來處理。」

有的員工願意留下來繼續協助我，有的員工則趁三更半夜來公司搬電視機、錄影機抵薪水，我都不追究。

這些黃金條塊，大約處理掉三成多的債務，沒辦法全部清還。

當時有位老兵在我面前跪下，對我說：「孫先生謝謝你，如果沒有這筆錢，我可能會自殺。這個錢，救了我一命。」

這段話使我心裡十分感動，活到快三十歲，我第一次覺得自己真正做了件了不起的事。

債務能清償多少算多少，員工的薪水也發了，口袋裡已一無所有。替公司還了債，我與這些願意留下來幫忙的同事們回到台北，然後分道揚鑣，各走各的路。

那位佔用公款被我開除的幹部，也是留下來幫忙的人之一。我們分開之後，我輾轉從朋友那裡得知他的處境，他過得很不好，又吸毒又坐牢。

多年後，我才跟他聯繫上，約了見面。意外的是，坐在我面前的他，看起來很平安、很快樂。他對我說：「繼正哥，我在埔里魚池鄉當個小傳道，目前在神學院念書，將來想成為牧師。」

原來他坐牢時，（現在已故的）孫越先生向他傳福音。受到感召後他信了主，並且主動委身在魚池鄉的小教會，為弱勢孩童募款，打算奉獻他的一生在此。

我驚訝於上帝福音的大能，以及信仰的力量。

第6章

人生的轉彎處

回到台北，考驗才正要開始。

副總經理從香港打電話給我：「繼正哪，公司的大哥們都到國外去了，你在台灣就幫忙處理善後一下囉。」

我心想：他媽的，你們這些人，算是哪門子的大哥啊！

我在總店做過最高主管，其他同事們也希望我出面處理公司所有的債務。看著所有人的期待，我只好一肩扛起責任，擔任債權召集人。

公司正式對外宣布倒閉時，媒體一湧而上，我代表公司接受記者採訪。這是我第一次上電視新聞。

倒了這麼多錢，當時黑道與白道都來公司討債。

有天早上，有個黑道走進我辦公室，直接拿出槍來頂著我的頭，喝令我把錢吐出來。

我告訴他：「大哥，我不是黑道，只是公司的主管。其實我也可以跑路，但我沒有跑。我之前在台中處理債務時，有人跪在我面前跟我說謝謝，因此我知道回台北之後，我有能力處理好更多重要的事情。我現在已經把公司所有資金交由律師去信託，每個債權人都可以拿回一成到三成的錢。如果你今天開槍把我斃了，沒有人負責處理這些債務，你就一毛錢都拿不到。」

來討債的這個黑道份子沉默不語，持槍的手也放下來。

我見狀繼續說：「黑道也得講道理。被倒的不只你，還有警察、公務人員，你讓我好好處理完。」

好言相勸之後，我暫時躲過腦袋開花的危機。

善的力量被啟動後，其效力之大，使人在暴力之前無所畏懼，能夠冷靜處理眼前的困境，問題一個接一個被解決。

妥善處理後，我沒有面臨到刑責。扣除掉債還的資金，公司還留有暫時不可變現的資產，例如機器設備等。而這些資產，在其他想走偏門的黑道眼中，有利可圖。

又有一個黑社會企業老闆找上我。他願意接收百年，條件是我要擔任新公司的總經理。這位黑道大哥向我保證，只要我接總經理，百年留下來的員工都不會失業。

我完全不想再與黑道企業有掛勾，但這位大哥開出的條件，讓我難以拒絕——所有的員工都能保住飯碗！員工之中，還包含當時已是我女朋友的桂瓊。

黑社會企業將百年改了名稱，在台北市南京東路租了一整棟樓作為辦公室。老闆叫我負責裝潢施工，由他付錢。裝潢工程費中，廠商給了我十六萬的回扣。對當時的我來說，拿這筆回扣，心中並沒有不安。後來等到我有了信仰之後，我才明白，過去曾犯的錯，日後上帝會要我在其他地方補回來。

辦公室裝潢完成，員工都就定位後，公司重新啟動了。

老闆在辦公室裡每個地方都放滿了一尊尊虎爺，還有各種神祇。老闆規定我要定時點香、拜拜，弄得辦公室裡充斥著燒香味。

就連過馬路時也有規定。老闆要我先前進幾步、再退後幾步……做生意的人，對於這些迷信與禁忌深信不移。

過去欠客戶的債務雖已解決，但先前經營公司的大哥們留下了貸款債務，就連他們用來代步的保時捷也是以公司名義貸款買的。這些貸款我一無所知，但接下公司的新企業，就被迫要處理。這錢，他們怎麼可能付得甘願？

於是兩派黑社會勢力，為了這些貸款，即將面臨火併的決戰。

我去找了過去的頂頭大哥說：「大哥，我為了以前的公司著想，我頂下債權召集人這份苦差事。後來為了員工，又同意另一派接手黑道所開出的條件。所以，您就別來砸我們這家店了吧。至於要不要付這個錢，你們自己坐下來好好談。」

大哥總算是聽進去了。新公司暫時得到喘息，公司業務開始向前邁進。

擔任新公司的總經理，我現在可以走進盤房，實際經手操盤，我曾經跟著一位從紐約回台的操盤高手學習。但是，攤在我眼前一個又一個案例，又再度證實一個可怕的事實：沒有人能賺到錢。這一分鐘賺了上百萬上千萬，一個國際大事突然發生之後來不及脫手，就是賠掉了。

我看見有的客戶傾家蕩產，有的客戶妻離子散，甚至有客戶帶孩子來下單，在路上出車禍被撞成重傷……眼前淨是悲劇。

儘管幫公司賺了錢，但我的心，越來越不平安。

有一天剛進公司，還沒踏進我的辦公室之前，就發現辦公室裡擠滿了好多位調查局幹員，正在進行搜索。我本能的反應是立刻轉身，一走了之，別讓他們看見我。但又想到，我怎麼能讓員工擔這個責任呢？算了，硬著頭皮踏進我的辦公室，接受他們的問話。

我說：「我是這家公司的總經理，有什麼事找我就好。」

不管他們問什麼，我都據實以告。

調查局幹員說：「孫先生，你很講義氣。」

這個義氣，卻使我日後遭受牢獄之災。

我這份工作，不止對我個人，對我的家庭也造成不利的影響。

父親瞞著我，將他做生意失利後僅存的一小筆錢，拿來百年投資黃金期貨，想要以小搏大圖個翻身，卻倒輸三百多萬。

我在百年工作期間，投資哥哥讓他開設地下錢莊。錢莊遭遇黑吃黑，投下的資本血本無歸，哥哥欠下大筆債務，債主甚至追到南京東路辦公室來向我討債。

人生一旦走岔，影響之深遠，難以形容。我到百年金銀珠寶上班這步棋，除了讓我二十多歲的年輕生命嘗盡動蕩與不安的滋味，生活經常如驚弓之鳥，另外也使我心中充滿了愧疚。我讓從小教我下象棋的父親，甚至是我身邊所有的人，因為我下的這步險棋而同受劫難。

這段期間，桂瓊看著我不時得接受調查局訊問，她常鼓勵我：「繼正，你本性很善良，你可以選擇離開這間公司的。」雖然桂瓊此時仍然在這間公司擔任會計。

黃國倫也常常向我傳福音。我試著在家裡禱告，但禱告來禱告去，好像找不到上帝在哪裡。

有一天，我很氣餒的打電話給黃國倫，說我想去教會走一走。

沒想到，從我去教會的那一天開始，我的人生起了翻天覆地的改變。

約好的那天，我站在和平東路靈糧堂的教室門外，整整一、二十分鐘，猶豫著要不要進去。我看著一群穿著樸實、貌似平凡的男男女女，彷彿像是進行救國團一般的活動。特別讓我注意到的是，他們每個人的臉上滿是單純的喜悅。而我呢，我低頭看了自己的身上，穿著一身浮誇的名牌……

我的心情複雜，頓時覺得自己與教會的弟兄姐妹們格格不入，甚至從內心深處湧起一股愧疚感。

我要走進去嗎？

教室裡面的人唱完詩歌，黃國倫看到站在教室外的我，於是大喊：「欸！繼正，你進來你進來。」

在聚會中，教會的弟兄姐妹們都很踏實，沒有人想要突顯自己，充滿了愛。從小到大一直生活在動蕩起伏中的我，從來沒有經歷過如此單純、良善的聚會，而大夥也一起為我當下的家庭關係、財務、工作等困境禱告。

那一天，我的心被教會實實在在的觸摸到，那手心的溫度撫慰了我。在聚會當中，不知不覺，我掉下了眼淚。

回公司後，我給老闆一封辭職信，跟他說我在教會找到工作了，要離開公司。老闆居然以為我是嫌薪水太低，於是打電話給我，說要送我一輛名車。但無論再怎麼利誘，我仍然拒絕他的挽留。

由於我在這家公司有不可取代的重要性，說到後來老闆急了，撂下狠話：

「如果你要接這個工作，我就拿槍到教會去找你！」

我把老闆的話，告訴了教會的弟兄姐妹們：「我老闆說，他要拿槍到教會找我麻煩。你們會不會怕？」當然，他們一點也不害怕，他們說，能為我做的就是幫我禱告，和我一起度過難關。

當時的我亟需教會中那種單純、良善的心。教會中有些人是身障者，看到他們突破自身缺陷，不斷為人付出，我的心感受到從未有過的篤定踏實。

教會的小組長是小兒麻痺，有一回他要站起來，我伸手扶他。他一點也不抗拒地接受我的幫助。事後他跟我說：「繼正，你知道嗎，其實我可以靠自己的力量站起來的，之所以接受你的幫助，是為了成全你想要付出的愛。」

成全別人的付出。這句話至今仍深深影響我的價值觀。

我之所以鐵了心要離開那家黑道公司，來自於教會弟兄姐妹們只求付出、不求回報的心。那是如此單純卻又強大的力量。

脫離黑道公司後，為了償還父親在百年投資黃金期貨所輸掉的三百多萬元，以及我投資哥哥開地下錢莊被倒債所欠下的錢，我做了一個重大的決定：把我家唯一的房子、北投眷村改建後分配給我們的國宅，以一坪十幾萬的價格、總價五百多萬賣掉。

還完債後，剩下一百五十多萬。我幫家人在關渡租了房子，其他錢我交給妹妹，

我們一家人攝於眷村改建後分配的國宅。沒多久，父親把家裡的錢全部輸完，哥哥跑路，房子賣了，妹妹搬去新竹，媽媽在西門町幫人看店。我們一家真正一貧如洗、分崩離析了。

千叮嚀萬叮嚀，要她一定要把錢留好，這是付房租和生活要用的錢。但妹妹心軟，把這些錢又交給父親。父親一如往昔，經不起誘惑跑去玩期貨，再次把錢輸個精光……

我們家真正是一貧如洗了。

我得知後，氣憤地回到關渡租屋處，先對著哥哥大罵：「你從小到處闖禍，弄得我們這個家分崩離析！我不要你當我哥哥了，我要搬出去！」

我越說越火大，在盛怒之下重重往沙發搥了一拳，對著父親怒吼：「爸爸你知道嗎？你把家裡唯一剩下的錢輸光光了！」

當時父親只是掉著眼淚，一句話也沒說。他知道這次真的做錯了。

父親將家境推到谷底，他只好在建築公司工地找到警衛的工作，媽媽則在西門町附近的中華路幫人顧店，哥哥怕黑道追殺因此跑路，妹妹和男友住在新竹，我和女朋友桂瓊在汐止租了間便宜的房子住下。

家人四散了，整個家就此分崩離析。

我不知道更嚴重的事還在後頭。我離開公司之後，公司內部狀況越來越混亂，老闆騙了客戶很多錢，而我仍掛名公司總經理。老闆把所有事都推到我身上，調查局便將此案移送地方法院，我由於違反公司法而被起訴。

當時由於搬家到汐止，我的通訊地址與電話全都變更，根本沒收到法院傳票。於是，我竟然在不自知的情況下被通緝了！直到兩年後，警察找上我……

時間進入一九九一年，從開著賓士名車、月入十幾萬、呼風喚雨的總經理，到如今沒了工作沒了收入，身上還揹著幾十萬的債，整個家又瓦解，我的人生又再次歸零。未來一片茫然，不知道還有沒有再站起來的一天。

當時我天天打籃球，向上帝禱告，讓我能找到個朝九晚五的穩定工作。這段時間黃國倫偶爾會來陪我打打籃球，散散心。

汐止在一九九一年的時候，看起來像是荒郊野外。我與桂瓊同住在這裡，附近樓房沒幾棟，許多路連路燈都沒有，一到晚上便是漆黑一片，而此地的房租相較台北其他地區，顯得低廉。誰能想像，將近三十年後的現在，汐止的高樓櫛比鱗次，甚至還被建商以「新南港」炒作房價。

那時有建商在汐止新台五路推出第一個大樓建案，桂瓊的手邊有一些存款。有天她問我：「我們來買間房子好不好？」

我說：「我沒有工作妳知道嗎？」

她一點也不在意。「我過去五年存了四十萬，我們可以買一間一百多萬的小房子，付了頭期之後，剩下的就貸款啊。」

桂瓊那時仍在做會計，有穩定收入，她要貸款是比我容易的。但對於要不要用她的錢，我掙扎了很久。桂瓊一直鼓勵我，將來的我還是很有希望，她的家人也給我支持的力量。

放下自尊，和桂瓊在汐止買了間權狀十六坪多、扣掉公設剩下十二坪左右的小房子，又向她母親借了八萬元簡單做個裝潢之後，就搬進了我們的第一個家，開始新生活。

「鼓勵」真的能夠造就一個人。

在教會的弟兄姊妹、桂瓊和她家人這些不求回報的支持下，有一天我終於得到了新的工作機會：當時百年的上游廠商在士林開了間專做金飾買賣的A公司，想找人拓展海外業務，於是找上了我以及過去百年的一位香港同事。

A公司的老闆開給我一個月兩萬多元的薪水，雖然比過去十多萬月薪少了非常多，但能重新開始，我已相當感恩。

我的身邊還留著一輛中古賓士車，透過那位香港同事的引介，我將車賣給了A公司老闆。拿到了渴望的現金後，不料香港同事竟對我說：「繼正，賣車給老闆是我介紹的，是否該讓我抽點佣金呢？」

我心裡一驚，我把他當朋友，沒想到他竟然來跟我計較這些錢。這位香港同事後來回家鄉創業，生意做得有聲有色，買了數千萬港幣的豪宅。從這件事我領悟到，想把生意做好，必須有個精打細算的頭腦。

A公司主要生產五兩的景福條塊，以及偽造大陸的貓熊紀念幣，外銷金飾到香港是公司主要業務之一。我跟公司說，我們還可以外銷到免關稅的華人地區去，例如新加坡。

於是我開始揹著貨，去新加坡、香港敲門找客戶。

當時很多華人長輩會買五兩的「景福條塊」作為投資，因為五兩小小的很好收藏，也可以當成女兒的嫁妝。但A公司的「景福條塊」是用回收金飾製成，有的重量不足，成色也不足，雖然供貨給香港的謝瑞麟、周大福等知名門市，在新加坡的業績也有長足進展，但我心中隱隱覺得有些不對勁。我心想，這種產品早晚會出問題。

我那時還未受洗，想找一條新的出路，希望自己的本性與態度能夠被上帝改變。我問桂瓊：「妳要和我一起受洗嗎？」

一九九二年，我滿三十歲，在教會接受了浸禮，正式成為基督徒，歸入主的名下。受洗當時，我覺得像是有一道光照在我身上，把過去在我身上烙印的黑暗、陰影、髒汙，全部映照得清明澄亮。

受洗後我站在台上，與台下的弟兄姊妹一起唱著聖詩〈奇異恩典〉，我幾乎是含著眼淚唱完這首歌，那麼發自內心地、一字一句唱著。

沐浴在這道聖光裡，我成為基督徒。

若有人在基督裡，他就是新造的人。
舊事已過，都變成新的了。

——《聖經》，〈哥林多後書〉第五章第十七節

雖然有份看似穩定的工作，但才上班沒多久的我，還是處於負債狀態。那時候母親在中華路幫人顧店的工作也沒了，她跑去西門町擺地攤，父親則繼續在工地當警衛。

跟著我這種人一起生活，想必是得受苦的。但桂瓊卻跟我說：「我們結婚好嗎？」

我感動地握著她的手，許下允諾。

婚禮籌備於是開始。我訂了飯店，喜帖也印製完成。沒想到，在婚禮的兩個月前，一個讓我和桂瓊無法承受的惡耗，卻在此時造訪。

我三十歲那年，受洗成為基督徒，成為一個新造的人。

有天我在公司，接到她打來的電話，電話筒那方的她啜泣著，無法把話說清楚，斷斷續續我聽到她說：「繼……繼正……我……我得到癌症。」

「什麼？醫生怎麼說的?!」

「對……剛剛檢查時說的……」

這怎麼可能！桂瓊從小打籃球，是個運動高手，又勤快幫忙家中的生意，從沒見她喊累……這只是玩笑話吧！

桂瓊只是一個勁兒的哭，到後來聲音越來越小聲、越來越遠，她哭到連話筒都握不住，任由話筒垂落在公共電話亭中。

我知道她那陣子身體常常不舒服，會去台北馬偕醫院檢查。我立刻放下工作，趕快騎機車奔到醫院前的電話亭。趕到的時候，她還蹲在電話亭裡啜泣，我抱住她，跟她說：「沒關係，我們再做詳細檢查，應該不至於那麼嚴重。」

馬偕的主治醫師是在雙連教會聚會的基督徒，他說桂瓊已是癌症第三期，癌細胞已經擴散到淋巴。他建議先割除再做化療，雖然發現得有點晚，但還是能控制得住。

三期，化療，擴散，割除……這些字句聽在我耳中，嗡嗡作響。當時桂瓊已離職，沒有勞保的保障，醫藥費全都要自付，而我自己仍在負債，隨之而來的龐大醫藥費該怎麼辦？還有婚禮呢？兩個月後就要舉行的婚禮，到底要不要舉辦？

在那個沒有全民健保的年代，桂瓊的醫藥費全部都要自付。化療針一針打下去就是二、三萬，一個月醫療費十二萬左右，加上房貸與其他支出，這對一個月薪水只有數萬元的我而言，是超出能力的沉重負擔。

教會的牧師在聚會時，跟弟兄姐妹們說了我與桂瓊的情況後，他們自動發起醫藥費募捐。我先收到一張兩萬元的支票，上面沒有署名只有蓋章。此外，他們將另外募得的十幾萬款項，親自送到桂瓊家中，交給她的父母。

當我看到這些善意的捐款，我在心中立誓，等我重新站起來時，我一定要在教會竭盡所能幫助他人，不論是落魄失意、還是經濟困頓的人。我要回饋社會，並且不求回報。

除了來自教會的溫暖看顧，桂瓊在馬偕醫院住院期間，醫護人員的悉心照料以及義工在心靈上的支持，也讓我們得以熬過這艱難的化療時期。

記得有一天，一位看起來六十多歲的婦人，一跛一跛地走進我們病房，手上拎著一個鐵罐不知裝著什麼。

她一進門就先對我們說：「對不起，我不小心翻倒了雞湯，現在只剩雞肉沒有湯了，真是不好意思。」

我並不知道她是誰，但我們滿心感激，接受了她的善意。直到二〇一三年，這個謎團才揭曉。當年我接受《宇宙光》雜誌專訪，我收到出刊的雜誌後，隨手翻閱，竟看到似曾相識的面孔出現在與我同期的雜誌中。她就是當年那位拎著雞湯來病房的婦人——廖美喜女士。

照片中一頭白髮的她，仍然在醫院中陪伴著病友，將愛傳遞給被病魔折騰而受苦的身心靈。

廖美喜女士多年前得了乳癌，戰勝病魔之後，便在醫院擔任癌症病患的終身義工，鼓勵與安慰病患，給予心靈上的支持。她原本被醫師宣判罹患乳癌，只剩三個月生命，後來安然熬過了醫師宣判的期限，甚至在未來又被陸續診斷出卵巢癌、皮膚癌、心臟病、糖尿病、髖關節與膝關節病變等疾病的時候，依舊一直頑強地與病魔對抗。

身為基督徒的她，活著對她而言就是上帝的恩典。她感恩，並回饋給身處苦痛與絕望的病友，陪伴他們度過煎熬。

一直到今天，我仍然記得她一跛一跛地從病房離去的背影，如天使一般帶著暖意。

在醫院治療的日子一天又一天過去，距離婚期也來越近。以桂瓊的身體狀況來看，如期結婚恐怕需要奇蹟。到底是否要如期結婚呢？

每當需要做重大決定時，我問上帝。

台北馬偕醫院裡面設

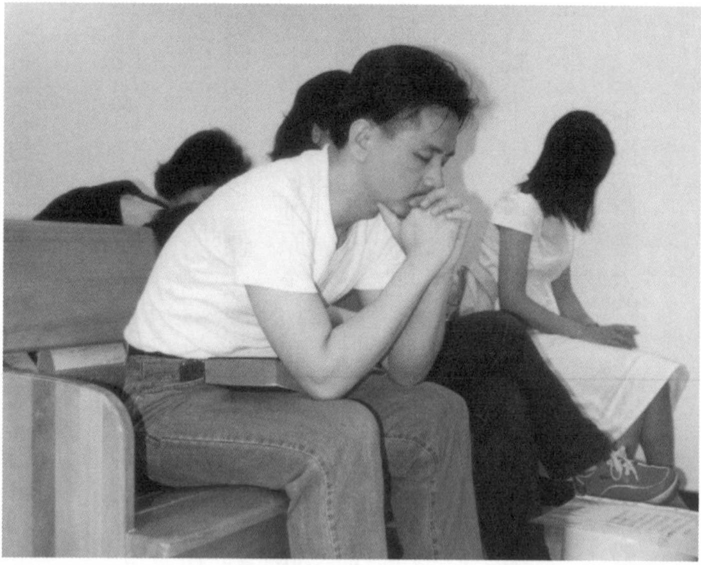

我曾問上帝：為什麼要給我這麼多磨練？

有一間禱告室，裡面只有個小小的窗子，即便是在白天，光線也十分微弱，一進去就彷彿隱身在黑暗中。

每當桂瓊做完化療，經歷痛苦而沉沉睡去後，我就來到這裡禱告。常常是一邊禱告、一邊不停流著眼淚。

我問上帝：**為什麼信耶穌沒有甜蜜期？為什麼要給我們這些磨練？**

也許上帝知道我這匹荒野之狼，桀驁不馴，要改變我不是件容易的事。也許祂要我先學會負起責任，像摩西帶領以色列人出埃及那般負起責任。

接下來，便是給我信心考驗。

在禱告室時，我最常以聖經裡面的詩篇第二十三篇，當成我的祈禱：

耶和華是我的牧者
我必不至缺乏
祂使我躺臥在青草地上

領我在可安歇的水邊
祂使我的靈魂甦醒
為自己的名引導我走義路
我雖然行過死蔭的幽谷
也不怕遭害，因為祢與我同在
你的仗，你的竿，都安慰我
在我敵人面前，你為我擺設筵席
你用油膏了我的頭，使我的福杯滿溢
我一生一世必有恩惠慈愛隨著我
我且要住在耶和華的殿中，直到永遠

某天禱告完後，我去找主治醫師，說我要取消掉在飯店的婚禮。醫師說：「怎麼可以取消婚禮呢？」

我說：「我不需要世俗的婚禮，我要在醫院裡結婚。」

桂瓊得知罹癌後，不想拖累我，也不願意與我結婚。做化療一段時間的她，頭髮開始大把大把的掉。當時她心裡也許已做好解除婚約的準備吧。

因此我悄悄地準備這場病房婚禮。

主治醫師說要幫我預約醫院大禮堂，他說從來沒有人在這裡舉辦過婚禮，要找牧師也沒問題。

我跟醫師說：「不用了，我想在病房中進行婚禮。」

我先去買了結婚證書，沒買結婚戒指，沒找牧師。我詢問教會那位小兒麻痺的小組長與他妻子，是否願意蒞臨醫院為我證婚，並且請桂瓊的父母在結婚當天到醫院來。

結婚當天，做完化療的桂瓊睡得很沉很沉，身在病床上的她，手臂上打著點滴。

病床的白色床單就像白紗，在她身後拖曳開來。

白色的牆、白色的氣息，她的父親彷彿正牽著她的手，走入婚禮的聖殿，一步步向我走來。

小組長夫婦在床邊吟唱著詩篇第二十三篇：耶和華是我的牧者，我必不至缺乏。祂使我躺臥在青草地上，領我在可安歇的水邊，祂使我的靈魂甦醒……

在詩歌聲中，在四個人的見證下，我執起還在昏迷中桂瓊的手，在結婚證

桂瓊常和我開玩笑說，她是在昏迷中被我搶婚的。

書上按下手印。

從此，她成為我的妻。無論是順境或逆境，貧窮或富貴，健康或疾病，快樂或憂傷，我都將永遠愛著、珍惜著，對她忠實，直到永遠。

岳父岳母流下了眼淚。他們將視如珍寶的女兒交到我手上。

但如今，未來的道路仍然遍布荊棘。

不知過了多久後，桂瓊從沉睡中甦醒。

我跟她說：我們結婚了。

結婚證書上已按下了我倆的手印，如今不得悔婚。

桂瓊說：「你這是搶婚，這不算數。」

不想拖累我的心，比愛還沉重。

我說：「沒關係，我們看上帝接下來如何帶領我們。等妳好了之後，我會讓妳穿上真正的白紗，我們在教會再辦一場受到更多人祝福的婚禮，好嗎。」

第7章 開創事業

階段性化療完成後，桂瓊仍需進進出出醫院。她開玩笑跟我說：「繼正你放心，我還死不了。我要看著你成功才要死去。」

聽了她的話，我的心感到陣陣酸楚，我跟上帝說：我要醫治太太的病。除了陪伴與照顧，還要在工作上打拚，等到經濟穩定後，能減少桂瓊對於自己成為負擔的不安感。

但磨練卻是一關又一關而來。

先前心中的隱隱不安成了事實。A 公司是家族企業，一天老闆把我叫去，他說：「我們家族裡，有人會來接手你的部門。我想把部門其他兩個人資遣掉，就留你一個人下來。繼正，我們相當肯定你的業務能力，如果你願意留下來，我幫你把薪水加到十萬。你好好考慮。」

和部門其他兩位同事拓展業務、一起打拚這段時間以來，已培養出如兄弟般的情誼。對自小在眷村長大的我來說，「義氣」兩個字始終是我不變的行事原則：大學時為了同學與小混混在校園演出喋血幹架是如此，在軍中罩著被班長欺負的黃國倫是如此，為百年收爛攤也是如此。

儘管家中支出龐大，需要錢為太太治病，但我絕對不會為了這十萬元薪水，扔下我的戰友不顧！

我拒絕了老闆開出的條件，與兩位同事一起離開 A 公司。

接著，下一步呢？不如趁此機會創業？

我問上帝，創業真的需要萬事俱備嗎？

有沒有可能只憑著一股膽識也行得通？

從百年到 A 公司，這幾年來的工作經驗，我對金飾產業的上下游已十分瞭解，從製造到銷售的每一個環節，找工廠找客戶都不是難事。那麼，為什麼不自己開創事業呢？

如果是開銀樓的話，市場上的競爭對手已經太多，要從中殺出一條路並非易事。我勢必要透過市場區隔，找到屬於自己的獨特商品，營業項目必須有別於其他黃金相關產業。

有一天我在街上閒逛，走到專門賣酒的「橡木桶」店面門口停下來，駐足思考了很久。橡木桶有這麼多家分店，是知名品牌，可是店裡沒什麼人在逛，店面租金又這麼貴，它是靠什麼維持營運呢？

我左想右想，絕對不是靠門市一瓶酒一瓶酒的賣。後來我想通了，它一定是有一個商品組合，當作禮品，以一定的量賣出去，藉此維持開銷。

我突然靈光乍現：那麼黃金是否也可以變成禮品銷售呢？台灣應該沒有人在做這個生意吧！

雖然以前在 A 公司的時候，有接過政治作戰學校、陸軍官校的畢業紀念戒訂單，不過當時我並不覺得那是禮品。但當我把產品的定位放在「禮品」這個項目上的時候，就會有很多空間能發揮了。

若我的產品是禮品的話，就可以事前接訂單，而不必製作好之後擺在門市賣。那我們就可以用小資本去做大生意：先接單收訂金，接著便進行設計與製作。

當時台灣的金價剛好很便宜，一兩一千元台幣左右，入行的門檻不高。

我做業務已有近十年，從與客戶接觸、反對意見處理、Demo 到結案，一個個 case 累積下來的經驗，使我對拓展業務這方面很有信心。

決定方向之後，再來是行銷。公司的產品要賣給誰？目標客戶在哪裡？禮品一定是賣給團體，團體可分為公家機關組織或是企業。但公家機關難度與風險較高，要先付一筆押金；如果主力是企業客戶，那麼要透過何種管道開發？

一九九二年的時候網路還未普及，唯一能找到客戶的管道就是透過一本厚厚的台灣黃頁。

我一邊翻著台灣黃頁，一邊想到有些公司在年終尾牙的時候，會送員工獎勵品，大部分是送禮券或是電器用品。是否有可能說服承辦人員把抽獎品項換成黃金禮品？

此外，台灣當時經濟正在起飛，出國旅行的風潮越來越盛行，公司會以員工旅遊犒賞員工。我是否可以用黃金禮品說服企業替代出國旅遊這項福利？

——評估優劣點之後，我分析整理出了個結論：**要說服企業改變固有的做法，這項替代品一定要有不可取代性。**

黃金在經濟市場被認定是有價證券，在華人社會中，結婚或嬰兒滿月時，長輩或親友喜歡送黃金飾品，因為它保值又貴重。公司如果送員工黃金禮品，我相信員工必定能夠接受。

說穿了，員工最想拿到的是錢，可是基於公司的制度或法規，福委會不能給現金。如果改用能夠保值的黃金禮品取代現金，似乎便沒這層顧慮了。

而企業若想獎勵為公司打拚超過五年、十年、二十年的資深或是榮退員工，以及保險業、房仲業表揚績優員工，贈送黃金禮品是禮重情義也重，經過悉心打造的金品能給予員工榮耀感。

再者，黃金視同貨幣是免稅的。黃金的原料不需課稅，只有工資要稅金，我們可以幫客戶省下成本。

假設台灣有三百億禮品市場，我只要能分到百分之五到百分之十，就足以讓公司生存與盈利，二十億也已經是上市公司的規格。我相信我已找到藍海！

產品做好市場區隔，目標客戶鎖定，沒有資本的我負責出創意，另外兩位夥伴出錢，共湊了兩百萬。不憑契約，而是憑著信心，我們三人在台北市民族東路租了間辦公室，就此開始新事業。

公司名稱取名為「崇光金品」，是在禱告中得到的靈感。

當時 SOGO 崇光百貨是台灣最高級的百貨公司，我希望能借崇光這名字打響公司名號；而且崇光的「光」，跟我想在光明當中走一條正直的道路、不做害羞的事，不謀而合；公司英文名 So Gold 與 SOGO 也是諧音。

當時外銷市場也大有可為，我們將外銷金飾的公司名稱取為「大福金莊」，則是希望能與香港周大福一般生意興隆、福杯滿溢。

「崇光金品」起跑了。我負責對外業務，另外兩位夥伴負責聯繫上游工廠。我自己先做了商品型錄，翻著厚厚的台灣黃頁，一頁接著一頁、一家接著一家打電話。接著去買天下雜誌，參考其中所列的百大、千大企業，上市櫃公司，以及有連鎖店的公司，再回到黃頁來找這些公司的電話號碼，直接打電話過去。

只要與承辦人員約成了，就開著一輛二手破車四處奔波談生意。

拓展業務最難之處，在於說服公司的承辦人員。我用三點說服他們：一是黃金禮品體積小、不佔倉庫空間；二是黃金的價值在市場是公定價格，童叟無欺；三是當時的台灣，只要是達到百分之九十九點五就是純金，崇光則是做到國際標準的百分之九十九點九九，每項產品都送到中央標準檢驗局驗正純度。全台灣只有崇光做到這一點。

此外，生意不是只有一次，而是要長長久久，或是拓展到同集團的其他公司去。要如何使企業將「贈送黃金禮品」變成內部的固定文化？我要如何持續深耕，直到合作企業內部的整個集團，全都成為我的江山？我發現，開一次模具就可以一直使用下去，而且可以集團內共用，每年只要微調字樣或圖樣就好，這可以幫承辦人員減輕成本壓力。

在創業之初，我一邊跑業務一邊領悟出這些拓展業務的手法，這些聰明才智哪裡來的？聖經的箴言第九章第十節寫著：敬畏耶和華是智慧的開端，認識至聖者便是聰明。我在禱告當中，心思變得平靜安穩，有了這些靈光，引導我去突破承辦人員的心防，讓公司有生意可做，而能穩步成長。

當然，也不是事事一帆風順。創業初期一次重大危機考驗我們的應變能力。有一次模具開好了，貨要交到南投給客戶——日月潭旁的中信飯店（現已改名）。飯店中午前就要舉辦尾牙，禮品必須在那之前到貨。但直到前一天的晚上，這批貨都還沒完成，這是由於模具產生了裂痕，如果重壓會使它爆裂，危險至極。外包工廠師傅不太敢壓製。

這件事非同小可，我和公司合夥人一起趕到工廠去，跟老闆要了焊接用的面罩作為基本的防護，跟師傅學了壓製步驟後，就挽起袖子自己動手。

模具是不鏽鋼做的，一旦爆裂就會像炸彈爆炸一樣碎片四射，瞬間穿骨削肉，危險性不必多說。但另一方面，不準時交貨則是公司失去信用。權衡之下我們還是冒著生命危險做了。

兩百個重量一、兩錢的黃金禮品由我先壓製，到凌晨四點再讓合夥人接手，兩人輪流把這批貨完成。接著我在凌晨六點鐘載著貨，從台北開車飛奔去南投。由於一夜未眠，我趕到後把車停在中信飯店門口，就靠在座椅呼呼大睡。

中信飯店承辦人員吃完早餐後，剛好走出飯店散步，看到睡在車裡的我，敲我車窗說：「你怎麼睡在這個地方？」

我睡眼惺忪地說：「因為要交貨給你們啊，我怕來不及，就一大早自己開車送來了。」

這個舉動讓客戶非常感動。

我接著再用很誠懇、很坦率的態度，繼續跟承辦人員詳細說明：「因為我們的模具有狀況，我們這次是連夜自己動手趕貨，再用最快的速度送到。我們公司希望能把品質最好的產品，準時交到你們手上。雖然我也可以找個舒服的地方先睡覺，可是我怕睡過頭了，所以就在車裡等。」

使命必達，堅決服務客戶的態度，讓客戶對我們產生信賴感。

就像我剛退伍在怡樂智工作的時候，騎著機車送吸塵器給客戶，卻在途中摔車把吸塵器給摔壞了，沒辦法交貨，但我還是把貨送到客戶手上，讓客戶準時看到貨品，然後跟客戶說：我再賠一台新的給你。

這個舉動是要證明我的責任心。因此，假設前一晚我們把中信飯店訂的貨給壓壞了，我也一定會親自送去，讓客戶看見。這個動作的目的是要告訴客戶：我已經盡了最大的努力。

由於應變得當，從此之後中信飯店成為崇光金品的長期客戶。在他們的引薦下，中國信託集團中的全錄公司，也成為我們的客戶。

關於全錄，也有件令我記憶深刻的事。

我和全錄的承辦人員約見面那天，我臨時先去醫院動了鼻中隔彎曲手術。

由於會議是事先約好的，變更時間我覺得不妥，所以開完刀之後，我就從醫院直接去全錄赴會了。

由於剛動完刀，鼻腔裡還塞著棉花，我以為沒什麼大礙。沒想到在和客戶開會時，傷口竟然裂開，談著談著一大滴血從我的鼻腔滴到桌上。見狀我立刻偷偷擦掉，裝作沒事，繼續往下談。

沒想到，「啵」的一聲，另一滴血又下來。又一滴，二滴，三滴……滴了好幾滴之後，承辦人員終於察覺了。他忍不住問：「繼正你怎麼了？」

我跟他說剛開完刀的事，他睜大眼睛說：「你趕快再回醫院去吧！」

我說：「沒關係，我再塞衛生紙就好，我們快談完了。」

塞了衛生紙之後沒多久，衛生紙又被我的血漸漸染成通紅。承辦人員忍不住了，又著急地說：「繼正，你不要再這樣了，我生意一定會給你做，你趕快到醫院去！」

我開玩笑回他：「你早點講，我就去醫院了！」

這種責任心與專業態度，感動了客戶，也贏得了信賴。崇光金品的腳步是越站越穩了。

一邊創業，一邊陪同桂瓊進出醫院。我有家，但經常過門不入。

我把重要家當都放在那部跑業務用的中古車裡。這輛用一、兩萬元買來的車，鈑金破洞、生鏽，在路上開一開，車窗有時差點飛掉。上路前，我還得用繩子將車窗綁緊。

這部破車成為我移動的家，是桂瓊住院時接送她、以及自己的小寐之處，也是陪我南征北討的座騎。

我常常想，它如果能更舒適些該有多好。這樣能讓桂瓊坐得舒服安心，讓

以前我用中古車跑業務。

衝刺業績更有衝勁。於是我向上帝禱告，主啊，求你讓崇光金品與大福金莊業績扶搖直上吧，有獲利，能夠換一部當時最夯的全新本田雅哥，而且還要有剩餘。

很快的，這機會在創業幾個月之後到來。

當時代理金頂電池來台灣的公司找上了崇光金品。他們想做上市的紀念套幣，預計要做七、八千套的量。

崇光金品仍是個名不見經傳的小公司，面對這麼大的客戶，我卯足全力，試著發想出創新的提案。這個案子必須夠好、創意夠充足，能讓客戶一看到我們為他們公司專門量身打造的紀念幣，就決定將案子交給我們。

普通的金幣或銀幣不稀奇，別家廠商也做得到。我突然想到，以往去日本旅遊時，看到瓶身貼著黃金貼紙的花瓶，日本人管它叫「黃金貼飾」。那麼何不在銀幣也貼上黃金貼飾呢！這樣金銀合一，而且使得銀幣更顯高貴。

這是前所未有，獨一無二的發想。

代理金頂的董事長，看到這金銀合幣十分滿意，決定將這筆五百多萬台幣的大訂單交給我們。並且二話不說，先開了四百萬採買原料的支票，展現他對我們的信任。

這是崇光金品創設以來第一筆大生意。公司賺了錢，我也分到六十多萬元的紅利，扣掉奉獻給教會的錢之後，我用剩下的錢，換到我夢寐以求的雅哥汽車了！

這輛車，是踏踏實實、用自己的努力創業賺來的錢，所採購的車。對我來說，它比過去曾經擁有的ＢＭＷ、賓士名車都來得珍貴。

擁有了這匹千里馬，接下來業務跑得更起勁，公司業績也穩定成長。

直到那一天，我在公司裡接到一通電話。
過去的陰影，仍然追趕上了我眼前的光明。

第8章 償還過去那未竟之事

創業一年多以來，做出口碑，培養一批長期客戶，崇光金品已打下好基礎。我從工作得來成就感，也從妻子的家人那裡得到溫暖的鼓勵，岳父岳母常說：「繼正你真的很棒，這麼大的客戶你是怎麼做到的！」

這條信仰的道路，我走得平安踏實。

有一天我沒外出談生意，待在公司處理些行政事務。這時桌上的電話響起，電話筒傳來聲音：「你是小正嗎？」

小正？從來沒有人叫我小正。不管來電者是誰，這個人不是熟人。

「請問您是？」

「小正，我們找了你好久了。」

電話掛斷沒多久之後，公司門鈴響起。三名警察進門找到我之後，「咔」一聲直接扣上手銬，將我帶走。

我說：「大哥啊，出去前，能不能先用外套蓋住手銬呢？」附近有許多公司與店家，不想驚動他們。

絲毫沒有掙扎，我坐上早已停在門口的警車，被帶去位於博愛路的台北地方法院。

我是逃了兩年的通緝犯，到這一天我才知道。

同事們每個人都呆住了，沒人知道該做什麼反應。我的創業夥伴到處打電話，找各種辦法想將我救出來。

我由於違反公司法被通緝，眼看牢獄之災是逃不過了。在法院的第一天，對外聯絡管道完全被切斷，我知道此刻妻子必定心急如焚。

第二天，警備總部的車將我押至土城看守所。車子從法院開出後，我看見坐在法院旁階梯上的桂瓊，一見車子開出來，她立刻站了起來。

桂瓊身子這麼虛弱，她不知道坐在那裡等了多久。頓時我紅了眼眶，心中充滿愧疚。

我的罪除了服刑，還需要向法院繳交罰金，共計新台幣十六萬元整。這個數字，正好就是我之前在黑道企業負責裝潢辦公室的時候，從裝潢廠商那裡拿到的回扣金額。分毫不差。

土城看守所對我來說一點也不陌生。從十幾歲起，我常為進出看守所的哥哥送東西。用台語說，就是：走看守所親像走灶腳。

沒想到今天換我進來了。

十幾坪的牢房，或坐或躺了二十多個人。牢房裡的光只靠一扇小小的窗，廁所就在牢房裡，沒隔牆，直接就能看到馬桶。牢房裡面的味道不難想像。

我當時穿著西裝被帶進牢房，獄友一雙雙眼睛，上上下下打量我。彷彿我是隻稀有動物。

進牢房之後我看到個空位沒有人坐，便坐了過去。如此擁擠的空間，為何空了個位子？原來空位旁坐著一位黑道大哥，他由於販賣海洛因而入獄。大哥問：「老弟，你為什麼進來？」

「我違反公司法。」心中沒有防備，我將我的故事一五一十說給那位大哥聽。包含我信耶穌的過程，都講給那位大哥聽。

監獄裡的時間彷彿是靜止的。在牢裡的人們，就像是一具具失去生命的活死人，在侷促的空間裡緩慢移動著，眼神空洞，看不見希望。

不知道和大哥說了多久的故事，直到大哥說：「不要再說了，你再說下去，我要掉眼淚了。聽你的故事，我想到媽媽。我的媽媽是基督徒，從小她就跟我說這些故事，可我都聽不進去。這次被關進來，等我出獄時，媽媽恐怕已不在人世了……你這是輕罪，很快就會出獄，出去後，是否可以請你跟我的哥哥和媽媽說，我很不孝，這輩子對不起他們，叫他們對我死心，也不用來看我了。我會好好的珍惜在獄中的這一段時間，不會讓他們再失望。」

這位大哥的哥哥，恰好是藝人楊忠民，曾來到監獄探望他。

入獄一個月時間，這位大哥都相當照顧我。

在獄中，我想到聖經裡面的使徒保羅。在他四處傳揚福音的旅程上，儘管被羅馬人關進監獄，他仍然唱著詩歌、傳揚福音。入獄，是上帝給我的另一個試煉，我絕不能因此失去盼望。

於是我在獄中自得其樂。傳福音、交朋友。

我相信，當我們身上沒有光的時候，天使就會遠離。

還記得離開監獄的前一晚，獄友輪流祝福我，並且在紙條上一一寫下希望我出獄後能為他們做的事，交到我的手上。

出獄當天，我先為獄友們禱告。再由管理員帶出牢房。還需要經過最後一道關卡。出獄前，我全身被脫個精光接受檢查，獄友們交給我的紙條也全部被沒收了。那些獄友的期盼，很遺憾沒能為他們做到。

走出土城看守所時已是下午，天空正好飄著毛毛細雨。

我跪在看守所前，向上帝禱告：「上帝，是否可以請您抹去所有苦難，不要讓我倒下。您能不能祝福我，讓我的公司，能如鷹展翅。上帝啊，我再也不要跪在這個地方。」

兩年前在醫院與妻子互訂終身後，我曾允諾妻子給她一個披著白紗的感恩婚禮，讓親朋好友們都能來祝福我們。出獄後，我開始著手準備。

婚禮在我受洗的地點——和平東路靈糧堂。

但在婚禮當天，上帝又小小捉弄我一番，派了提姆颱風來攪局。從關渡出發去迎娶桂瓊時，原本是個豔陽天，誰料半小時後下起了大雨。婚禮在中午舉行，當時風雨正大，但沒有人因為風雨而缺席，儘管賓客們趕到教堂時幾乎都一身濕。

婚禮的最高潮，是黃國倫為新人與所有賓客獻唱他的最新創作〈我願意〉。這首日後由王菲唱紅的名曲，第一次發表便是在我的婚禮上。

願意為你，我願意為你，我願意為你，忘記我姓名。

就算多一秒停留在你懷裡。失去世界也不可惜……

我什麼都願意，什麼都願意，為你。

在黃國倫的歌聲中，許多人紅了眼眶。

曾有人問我：「你後不後悔選擇這段婚姻。」

我告訴他：「我一點都不後悔，就算人生能重來，我仍然會如此選擇。」

晚上的喜宴設在甲天下餐廳。經過提姆颱風一整天的肆虐後，餐廳停電了，但喜宴還是照常舉行。只不過是從明亮歡樂的婚宴，改變成浪漫的燭光晚餐。深夜回到關渡，淹水又停電，電梯無法搭了。我們脫下鞋子，從樓梯間走回四樓，結束了這場令人難忘的婚禮。

上帝啊，您除了是慈父，還是個充滿幽默感的頑童呢。

我曾經隨著已故的辜成允先生學習音響鑑賞。在音響發燒友之間，都懂得出自文心雕龍的一句話：操千曲而後曉聲，觀千劍而後識器。

這句話的意思是：練習一千首樂曲之後才能懂得音樂，觀察過一千柄劍之後才知道如何識別劍器。

人生不也是如此？**通過各階段的歷練與考驗，能提升一個人的思考層次與應對困境時的智慧。要能成器，沒有捷徑。**

回到公司後，公司上上下下的向心力變得更壯大。承包的案子也不像過去以小案子居多，做到的幾乎都是大案子。

早期的企業裡有一些陋規，例如承辦人員向廠商拿回扣。為了生意，我會照辦。可是有次碰到必治妥公司的承辦人員之後，卻讓我改變了「我要給回扣」的想法。

必治妥跟我接洽的是一位處長。從第一次交貨開始，我會帶些小禮物送他，他都會收下來。因此下次交貨時，我會將送給他禮物的分量，再往上加重一些。

當時對我來說，這不叫賄賂，我認為所謂賄賂是在最初就給才是。

記得交到第三次貨時，那位處長跟我說：「繼正，我知道你是基督徒，我也是基督徒。其實你不需要再送我東西。」

我說：「這只是我的小小心意而已。」

他繼續說：「這種事如果被公司知情，還是會產生疑慮。不只民間企業，公家機關就不用說了，這種行為很容易犯法。」

當時崇光金品還沒做到公家機關的生意。而這位必治妥處長的一席話，讓我感到羞愧，他點醒了我。

我回去公司之後，想了一下，對全公司宣布：從今天起，我們不再給對方承辦人員回扣。當然我也知道，有些客戶真的有可能因為我不給回扣，從此就不和我們做生意了。

我向上帝禱告：「上帝啊，其實我沒什麼勇氣去執行『我不再給回扣』這件事。如果您不喜歡我給回扣，您就讓那家公司主動不跟我往來，或那家公司就乾脆倒了吧。」

這禱告很快就實現，有些公司真的就不跟我做生意了！有的公司做到後來真的就倒了！總計有十幾間曾跟我收取回扣的公司，陸陸續續不跟我往來。到最後，再也沒有公司需要我給回扣了。

上帝再次讓我遠離了試探。

此外，有間S牌上市櫃大公司讓我印象極深。承辦人員手上握有大筆採購金額，但我一直無法突破，始終做不成他們的生意。有一天，承辦人員居然約我在辦公室以外的地方談生意。

當時我心想：他該不是期望我帶他去吃香喝辣？

我靈機一動，對他說：「沒問題啊，但今天我答應太太回家吃晚飯。我請你到我家吃個便餐，這樣好嗎？」

那位承辦人員居然沒有拒絕。

我便打電話給桂瓊，請她先把我們在汐止那十二坪的小小的家，佈置成浪漫的情人節之夜。回家前我特地買了一束鮮花，跟承辦人員說：「待會兒到我家時，這花你就當作是送給我們的禮物。」

回到家，桂瓊正在廚房煮菜，煮完菜之後她覺得有些熱，她很自然的就將頭上的假髮拿下，坐下來準備吃飯。由於化療，桂瓊那時是光頭。

這位承辦人員看到這動作，眼睛瞪得大大的。在和我們吃燭光晚餐的過程中，我跟他談信仰，談桂瓊抗癌的過程，談我創業的動機與經過。聽著聽著，他眼眶有些泛紅。

他看見我和桂瓊所住的空間雖然很小，但卻很溫馨，充滿了愛與奮鬥的故事。他被深深感動。

後來，這位承辦人員成為我的好友，他跟我說：「這頓飯和這個夜晚，改變了我的一生。你創業的情操以及動機，讓我佩服。」

十年之後，他也出來創業了，雖然辛苦，但做得很平安，他說，這正是他想要的人生。

生意越來越上軌道，上帝也幫助我不再遇見試探。

在創業之初，從沒想過我的價值觀，可以影響到往來的事業夥伴。這也讓我有了動力，在未來的生意中，去幫助有需要的客戶、甚至是客戶的家人。有的承辦人員家中慘遭祝融，我自掏腰包幫助他；有的客戶家人罹癌，桂瓊提供協助與建議；有承辦人員犯了錯，我吸收成本重新製作……對我來說，這也是種行善，也是我用行動，活出基督耶穌的樣式。

與客戶之間不是只有工作，而是不計較得失的善的循環，在善的循環下客戶進而越滾越多，這算是我獨到的工作模式吧。

第9章

在事業突飛猛進時，二度創業？

爭取公營企業大案子的機會，終於到來。

從一九九二年創業以來，崇光金品年年有獲利。過去由於擔心資金不足，不太敢放膽去爭取公營企業或公家機關的案子，到了創業第四年，我們躍躍欲試。

一九九六年台北捷運木柵線即將通車，並發行通車紀念銀幣。由於中央鑄幣廠工作排程已滿，捷運公司便向民間企業公開招標，見機我便去試。

老實說，當時我心想：這個案子不可能做得到的。

去參與標案的都是大公司，如中國信託的貴金屬部門、大銀樓公會或知名連鎖國際金飾店等。我們是個員工只有三、四人的小公司，怎麼贏呢？

好在當時是審查標，並非價格標，因此小公司還是有一點機會。

所謂審查標是由參與標案的廠商提案，如果過關，等到捷運公司開賣之後，才下訂單。因此公司要先預備多少資金，也是未知數。

提案當天，我的順位排在所有廠商的中間。那時我才三十五、六歲，擔心北捷承辦人員看我年輕，不敢把這麼重要的案子交給我，我請股東的父親來充當崇光金品總裁，而我是經理。

由於股東的父親對這領域完全不懂，我跟他說：「阿伯，等下人家問你什麼問題，你就轉頭看我。我點頭，你就跟著點頭。做到這樣就好，你什麼話都不要說。」

來提案的公司幾乎都是大陣仗，我要怎麼突圍呢？

感謝上帝，給我這樣的智慧，讓我想到了一個有趣的方法。第一，我用公司的資金去買了一個金磚，金磚十分沉重，表面又光滑，只用一隻手，幾乎無法把它從桌上拿起來。提案那天，我把這塊金磚帶了去。

輪到我報告時，我把那塊金磚放在桌上開玩笑說：「這個金磚，重量只有幾公斤而已。誰能用單手拿得起來，這塊金磚就送給他！」

這個遊戲很好玩，十個審查委員，每個人都動手去摸那塊金磚，試試看能否用單手拿起來。沈重的金磚表面很滑，沒有人能拿得起來。

但如此一來，審查委員各個都對我印象深刻。

第二，我以金頂電池金銀合幣的成功案例，跟委員們說：「大家都會做銀幣，這沒有什麼。」我丟出一枚金銀合幣，繼續說：「崇光金品願意提供金銀合幣技術，但價格跟銀幣一樣！算是我的誠意。」

報告完離開時，我的心裡並沒有得標的期待，而是抱著學經驗的態度走出那個地方。第二天，我接到北捷公司打來的電話：「孫先生，恭喜崇光金品得標！」

真的？我與其他夥伴不敢置信，欣喜若狂。

得標之後，考驗才真正來到。

在簽約前，北捷公司需要先看我們的工廠。

我心想：慘了，工廠破破爛爛。但還是得硬著頭皮帶承辦人員去看工廠。

工廠藏身在萬華的小巷弄。承辦人員隨著我穿梭在華西街夜市附近的蜿蜒小路中，好不容易到了，承辦人員說：「工廠怎麼會在這種地方？這麼破爛，真的能做出高級的紀念幣？」

再度感謝上帝給我這樣的聰明智慧，我趕緊回答說：「嗯，這你就不懂了，做這行的人都很低調，黃金嘛，他們都不願意曝光。除了中央鑄幣廠之外，這種工廠都設在鄉間小鎮，沒人知道的地方。像我們這家，能隱身在都市中已經很難得了。」

真正的高手是大隱隱於市，我並無胡說。

當時台灣有位做金銀幣的師傅，他曾經待過香港的企業，能做到國際品質，目前自己出來創業的他，堪稱台灣第一把交椅。為了請到他來幫忙，我像諸葛亮一般三顧茅廬。我對他說：「雖然你做的東西成本比較高，但我看的是技術。希望你給我這剛創業的小老弟一個機會。」

多走幾趟，師傅瞭解了我的故事，漸漸地與我建立起信賴感，他終於對我的訂單點頭了。

與北捷簽約後，接下來就是等候開賣的日子來到。

從開賣第一天到第七天，整個星期都大排長龍，一套兩枚的紀念幣，北捷公司跟我們下了一個數量驚人的訂單。

看著訂單數量，我們瞬間就傻眼，心想：糟了，算來算去這筆資金實在太大。我們哪來這麼多錢？

我去向教會裡的大老闆們借錢，我跟他們說，這是公家機關的訂單，風險很小，一定能還。許多老闆慷慨解囊。此外，我的股東家中也有些資產，他也願意拿出錢來應急。最後，總算湊齊了。

財務問題解決了，品質問題也解決了。接下來是交貨的問題。

我們做出來的產品，必須要通過度量衡的標準，而不是工廠的標準。北捷的檢驗人員是殺手級的，鐵面無私。第一次查驗時，規格只差了零點零零零幾，需要做第二次複檢。

有一天我在上廁所時，坐在馬桶上為這件事禱告。擦屁股時，發覺我的手有些卡卡的，我突然想到檢驗人員跟我聊天的時候提到，他說他有五十肩，頗感困擾。我心想，我應該要關心他這一點。

剛好當天報紙正在報導五十肩的治療，我立刻把它剪下來，接著跑去圖書館找資料，把找到的五十肩相關資料都影印下來，做成漂亮的一疊報告，在檢驗人員來做第二次複檢時，我將這疊報告交到他手上。

「這些資料是我幫你收集的，希望對你有幫助。」我誠懇地對他說。

上帝保佑。第二次複檢總算過了！延宕已久的貨款，終於交到我們手上。我們還清所有債主的欠款之後，再扣掉成本，這筆金額是崇光金品創立以來最大的獲利。

過了很久之後，我終於拿到紅利。記得那天我把這些錢裝滿一個手提箱，帶回家，我跟桂瓊說：「這是給妳的。」桂瓊打開手提箱後，看到都是鈔票，她楞在當場。吃完晚飯後她躲到房裡，到十點都沒有出來。

我進房一看，她把錢灑在彈簧床上，鋪得滿滿的。我問：「妳在做什麼？」

她難過的說：「繼正，其實這些年來，你賺的錢根本不夠付我的醫藥費。」

我賺的錢，拿去還債、付房貸、標會之後，的確所剩無幾。

我說：「這些錢，妳都收起來。我賺的錢不止這些。」

我知道，桂瓊其實不想拿這些錢，我過去付出的，遠遠超過這些。但對我來說，我最大的快樂是能給家人一個生活無虞的圓滿家庭。當我從家人臉上看見滿足與笑容時，我便感覺到幸福。

事實上，能分到這些紅利，經歷了一段痛苦過程。

故事要從我做的那個夢說起。

有一天傍晚五、六點時，我在教會小睡一會兒，我做了個夢，在夢中我看到聖經〈出埃及記〉裡面記載的一個場景：上帝正在對摩西說話，上帝要摩西脫了鞋，赤腳上前來，因為上帝所在的地方是聖地。

然後上帝呼召他，把一個重要的責任交給摩西，要摩西為他做事。不過摩西是個軟弱的人，一直在那裡找藉口推託。這個夢做到這裡，都還符合聖經裡面的記載。

不料，在夢中，上帝話鋒一轉，對我說話：「你要出去創業。」

我心想：我已經創業了啊。

接下來上帝給我一段話：「鼎為煉銀，爐為煉金，唯有耶和華熬煉人心。」

這段話，過去我好像沒有讀過。後來我聖經讀的多了，才知道這段話，出自聖經裡的〈箴言〉第十七章。

上帝又說：「你接下來要去很多地方，去做這樣的店。」

這裡我驚醒了，我流著一身冷汗。我跟桂瓊說，我做了這樣一個異夢。

上帝要我出去創業，要到處去開店？但我現在就在這家公司創業呀。

沒想到這個夢，預示了接下來即將發生的事。

我怎麼也沒想到，有次在教會小憩，上帝竟然讓我在夢中看見接下來即將發生的事。

崇光金品創業時，有兩位夥伴各出一百萬，當時負債的我沒有資金，但三人口頭上說好，待日後賺錢我再補股份。只靠這一句話，沒有白紙黑字，憑的是我對另外兩位股東的信任。

四年來，每個月薪水與年終分紅，支付桂瓊的醫藥費與其他開銷後，剛剛好能應付生活所需。當我們收到北捷通車紀念幣這筆龐大獲利之後，我期待能有比過去優渥的分紅，補足我的股份。

當時公司的財務掌握在一位股東的妻子手中，她負責管帳。

有一天，我不經意和另一位股東聊到每年的分紅，談到金額，那位股東驚訝地說：「繼正，你只有拿到這麼多？」言下之意，是我拿到的分紅比他少了很多。

於是我去找了掌控財務的創業夥伴，問他：「我們當初講好的呢？」

誰料他說：「第一，當初沒有白紙寫黑字；第二，從兩百萬做到現在，公司的價值已經超過兩百萬了，你以為拿到紅利之後補足最初的三分之一金額就可以嗎？不能這樣算；第三，公司除了你，還有我的太太負責財務、小姨子在跑業務，她們也有功勞，也要分股份。」

這樣等於有五人來分北捷這杯羹。我氣憤的說：「我在眷村長大的，最痛恨言而無信，我告訴你，這筆錢我一毛都不要！」

我決定離開辛苦打拚才有今日成績的崇光金品，並且講好離開的時間。

我要靠上帝的力量重新再站起，對於出走，心裡並沒有懼怕。

由於公司的客戶幾乎都在我手上，掌管財務的這位股東怕我離開公司的時候，也一併把客戶帶走，他居然在公司中安裝竊聽器，想捉到我帶客戶走的把柄，一旦抓到，他就可對我提告，將我徹底打趴在地，連二次創業的機會都不給我。

由於他這種舉動，他的心腸被另外一位股東看清了。這位股東的父親就是北捷公司審查當天去扮演崇光金品總裁的老人家，他是一位虔誠的一貫道道親。

誰是誰非，這位股東都看在眼裡，他與父親私下召集家族會議，討論該如何處理這次危機。

預定離職的日子很快就到了。那天我收拾好辦公室裡的雜物，準備離開時，開家族會議的股東將我擋下，轉而叫那位安裝竊聽器的股東打包東西離開公司，連同他的妻子與小姨子也一併帶走。

原本以為勝券在握的股東，怒不可遏。當然，他也可以賴著不走，但這招另一位股東的父親早有因應方法。崇光金品的辦公室是向股東的父親租的，當時正好租約到期，老人家說他打算收回房子自住，這間辦公室裡的人全都得離開。

完全沒有商量的餘地之下，那位安裝竊聽器的股東拿到他該拿的錢之後，就此離開崇光金品。

崇光金品股東自此重新洗牌，三人股東留下兩人。股東的父親是一位敦厚的老人家，他出面說，兩人的股份一人一半，於是我們一人拿二百五十萬入股。他又說，日後增資若我資金不足，我只需要付利息就好，股份還是一人一半。

原來上帝在夢中跟我說的創業，是指我真正成為崇光金品的股東，數年後成為崇光金品負責人，並擔任總經理。

自一九九六年以來，崇光金品果真如鷹展翅，與大型企業長年合作，承製台北捷運公司六條路線的通車紀念幣，公司營業額從一年幾百萬到以億計。二〇〇三年在中和購置四百坪廠房，二〇一七年承製代表國家榮耀的台北世界大學運動會獎牌。

至於那位離開的股東後來自立門戶，成為崇光金品的競爭對手。多年後，我先打電話跟他道歉，說自己那時還不夠成熟。這是因為信仰提醒我，**如果心中繼續恨一個人，那麼心中的刺永遠無法移除**。我們兩人放下過去的仇恨，關係破冰，至今仍視對方為尊敬的對手。

第10章 返回天國的天使

事業起飛的同時，桂瓊的癌細胞不斷轉移，身體越來越孱弱。

這時候我開始能存些錢，想搬離目前住的十二坪小房子，買間大一點的房子讓桂瓊有個舒適的生活環境，我跟我的事業夥伴說：「我的股份沒辦法很快補齊，我賺了錢想先拿去買間大一點房子，讓太太能好好休養。」

沒想到我的夥伴對我說：「繼正，我給你五百萬買房子，這樣你就不需要跟銀行貸款了。」

這五百萬沒有任何條件。對於這總是力挺我到底的夥伴，我心有說不盡的感謝。雖說天下合久必分、分久必合，但在我倆身上，這個情況不存在。我相信他開闊的胸襟與為人，公司的財務由他掌管，我從未要求看帳。我倆互信互賴直到今日，崇光金品持續穩步發展。

我在汐止的江山萬里社區買了房子，桂瓊就在這裡度過她人生的最後兩年。

自一九九二年發現乳癌到她一九九九年去世，這七年幾乎有一半時間桂瓊都在醫院裡。她先是割除一邊的乳房，接著另一邊乳房也割除。癌細胞接著轉移到骨頭，連走路也相當辛苦。

她持續做化療與放射線治療，我常常需要在下班之後去醫院照料她，累了就睡在醫院。有時候一早醒來，發現病床上的桂瓊怎麼不見了，看她推著點滴架提著早餐進病房，才知道她拖著疲軟的身子，到地下室的餐廳去為我買早餐。

桂瓊最喜歡聖經〈馬太福音〉十二章二十節這段經文：壓傷的蘆葦，祂不折斷；將殘的燈火，祂不吹滅。每當身體的痛苦使她意志消沉時，這段經文總能激勵她繼續與癌細胞奮戰。

桂瓊很會打毛線衣，每年都幫我打一件，至今我仍好好收藏著。她也很會打中國結，在教會中開班授課，無論是心靈上或實質上的付出，她都幫了許多人的忙。

我與桂瓊受洗的母堂是台北靈糧堂。教會希望信徒們能回到自己的家鄉，繼續拓殖教會，我與桂瓊便開始在汐止與內湖地區成立聚會的小組。一開始只有六個人。

以我們六個人的力量，有辦法在汐止與內湖這一帶拓殖教會，甚至建堂嗎？這任務十分艱難。

除了創業，這又是我人生中的另一個從零開始。

只要桂瓊出院，我們一有時間就去各個家庭探訪他們，和他們聊聊，或者簡短的讀經、禱告。

有一次我們到了一個家庭，正好那對夫妻在吵架。桂瓊跟那對夫妻說：「如果你們和我一樣，不知道能不能活到明天，那還有什麼好吵的呢？我跟繼正很珍惜我們兩人相處的每一天，如果你的另一半明天就要走了，還有什麼事不能原諒呢？」

桂瓊，我的妻子，是用她的生命，在為主做見證。

在她生命最後一年，癌細胞已轉移到腦部。我們都知道時間所剩不多，但桂瓊用她生命僅存的氣力，繼續拓殖教會的使命。

有一回為了小組聚會，我們到一位家住三十幾樓的朋友家探訪，直到夜已深。到了該回家時，大樓突然停電了。除了緊急照明燈的光，幾乎是伸手不見五指。

既然無法搭電梯，我們十多個人就手持蠟燭，一邊唱詩歌，一邊從樓梯間往下走。當時桂瓊雙腿已不良於行，沒辦法下樓，於是我揹起她，就著微弱燭光，小心翼翼地一階一階往下走。

我們在這段人生路途上相互扶持，不計較誰的負擔比較重，以愛陪伴，心靈的滿足便已足夠。

對於病痛，桂瓊心中當然也曾埋怨：為什麼上帝要讓她得到這種病？為了照顧她，我也哪裡都去不了。農曆過年的假期，我們常常是在醫院度過，我只能站在病房窗邊看著街道上慶祝新年的歡樂氣息。

有一回幫她洗澡時，桂瓊突然說：「我的身體好醜。」多次動手術，她的身體滿是疤痕，我安慰她：「妳的身體一點也不醜，在我眼中，這些疤痕就像是梵谷的畫作。」

某年過年我們總算不必在醫院裡面度過，於是我開車帶她去新竹關西。開著開著，在眼前出現一片豔黃的油菜花田。我們好高興，立刻下車欣賞這片如畫作般的美景。

我跟桂瓊說：「妳就像這片花田，生命盛開綻放，帶給人們一段駐足欣賞的愉悅時光。就算凋萎了，也會成為泥土的養分，後來生長的植物會延續妳的生命。」

桂瓊在離世的半年前，曾跟我預告她的死亡：「繼正，我應該可活到明年（一九九九年）的四、五月吧。」

「妳還有沒有什麼願望沒完成呢？」我問她。

「我想去看夕陽。」

於是我跟事業夥伴說，我們兩個家庭去美國自助旅行吧。

北加州有一條很美的十七哩海景公路，我們租了車從芝加哥出發，從這條公路開車去洛杉磯的大橋下看日落，實現了妻子的願望。

夕陽橘紅色餘暉讓我們捨不得把眼睛別開，心裡卻又同時感傷，這應該是我們最後一次坐在這裡同看夕陽。

兩個家庭在美國盡情玩了半個月才回台灣。

從美國回來後，桂瓊只能坐在輪椅上行動了。癌末的痛苦讓她痛不欲生，身體裡像有千萬隻螞蟻在鑽動，由於不能打嗎啡，吃止痛藥也沒用，她常常很用力的去撞牆，因為這樣才能減低身體的痛楚。

有天我半夜睡醒，發現身邊的桂瓊不見了，轉頭看到她拿張椅子想爬上窗戶，我趕緊衝過去把她抱下來，我說：「我們都走到這裡了，妳怎麼會有這種念頭？」

她說：「我真的好痛苦好痛苦，不想再拖累你了……」

我們倆，當晚抱在一起流淚。

當時有個機會碰到孫越先生，他那時擔任安寧醫療推廣大使，他對我說：

「你應該把太太送到安寧病房。」

於是我把桂瓊送到竹圍馬偕的安寧病房，我如果提早下班去看她，就可以推著輪椅，帶她去欣賞淡水河的夕陽。

那時我會抱著吉他，不止彈琴給桂瓊聽，也彈給其他癌友聽。我做的只是微不足道的事。看到醫護人員與志工為病患所做的一切，心中更是感佩。**越是接近死亡的地方，越能看見人性中的良善。**

桂瓊生命的最後一個月，民視異言堂節目來竹圍馬偕採訪安寧病房中的故事。採訪到桂瓊與我的時候，記者說：「你們的故事真的太精彩了。」後來我們的故事不只是一集節目中的小片段，而是被民視異言堂做成專題報導，名稱為「妳是我今生的新娘」。民視希望能透過這個專題，讓觀眾看到生命的鬥士，讓更多人懂得生命的可貴。

一九九九年四月中旬的某一天，民視記者在上午去醫院採訪桂瓊，當時她還能神采奕奕地對著記者訴說抗癌過程與我們的故事。

那天到了中午，我與客戶正在吃飯，我接到醫院打來的電話，跟我說桂瓊不行了。

當我趕到醫院時，她已經沒有氣息，身體還是溫暖的。

我將桂瓊抱在懷中，跟她說了很久很久的話。捨不得放下。

在她走之前的某個晚上，桂瓊突然用禱告講起夢話，她說：「親愛的天主啊，謝謝您賜給我這段生命……」我立刻用安寧病房中的錄音機，錄下她在夢中的禱告文。桂瓊用感恩的方式來總結她的人生。

她走後，我拿出錄音機想聽這段禱告，但錄音帶中卻是一片空白。

桂瓊離世之前，曾跟我訂下三個約定：

一、公司要好好守住。

二、不要回去做黃金期貨。

三、不要開快車。

這三個約定，我一直遵守著，直到今天，我連一張股票都沒有買過。

我想藉著桂瓊追思禮拜這個機會，感動桂瓊的家人，以及沒有信上帝的來賓。我要將她的追思禮拜辦成一場很棒的見證分享會。

桂瓊一直很喜歡齊秦〈月亮代表我的心〉這首歌，當時剛好齊秦出新專輯，裡頭收錄了這首歌，還有好友黃國倫的〈我願意〉，這個消息傳到製作人柴智屏耳中。柴智屏很快地找到我，瞭解我和桂瓊的故事後，她說：「你們的故事非常感人。我可以帶你去綜藝節目講這段故事嗎？」

我向柴智屏說：「我不想用我的故事來炒新聞，過幾天就是桂瓊的追思禮拜。如果齊秦願意，邀請他來追思禮拜唱〈月亮代表我的心〉就足夠了。」

她接著說：「我有個更好的點子，你要不要去上小燕姐的『超級星期天』？我們把你的故事拍成尋人任務，找到齊秦後，你和齊秦在錄音間唱〈月亮代表我的心〉。在追思禮拜中你就能放這段合唱，這樣一來會更有意義。」

對於柴智屏的提議，我點頭同意了。

「超級星期天」節目中「超級任務」是最受歡迎的單元，這段尋人任務播出後，受到極大的迴響。當我和齊秦進錄音室那天，許多電視媒體來採訪，民生報甚至有大篇幅的報導。

我這才知道，結合信仰的愛情，真的能震動與影響許多人的心。

有個記者對我說：「社會中這麼多打打殺殺事件，我們需要正面的愛的故事。」

***

追思禮拜五月初在台北靈糧堂舉行。我用粉紅色的紙印刷訃文，遺照用婚紗照來取代，現場放著結婚典禮用的花籃。追思會中播放我和齊秦合唱的〈月亮代表我的心〉給桂瓊聽。

除了民視異言堂記者想完整記錄桂瓊的身前與身後在專題報導中，當天我謝絕其他媒體到場。桂瓊不喜歡鋪張，我為樸實的她辦了一場溫馨的追思禮拜。

在她過世幾天後，我曾寫下這段文字：

每天晚上唱一首無聲的搖籃曲給瓊聽，伴著她安詳的睡眠。

她走了，文字成為裝滿思念的翅膀，飛向天堂瓊所在的地方。

我曾跟桂瓊說：「妳就像蠟燭，用燃燒自己之後的光亮，照拂別人。」

桂瓊，妳照拂他人的故事，我會講很久很久。

桂瓊的追思禮拜，就是用這張婚紗照當成她的照片。

第11章

一年一百多場見證分享

媒體的力量無遠弗屆，上了華視「超級星期天」節目，加上各媒體的報導之後，寄給我的信如雪片飛來。有的信寄到華視新聞部，有的信直接寄到公司，信中有鼓勵我的，也有向我傳達愛慕之意的，我拆了幾封就不看了，轉交給公司同事去處理。

除了信件，也收到很多演講的邀約。邀約有的來自教會，有的來自更生團契，有的來自監獄，有的則來自公益或企業團體。一九九九年到二〇〇二年之間，一年跑一百多場，我去台灣各地演講分享，也在佳音電台上一年的節目。

這些分享中，印象特別深刻的是有位牧師找我去司馬庫斯這個美麗的部落。當地居民為了生計，而遺忘了信仰，山上的教堂年久失修。

我們當時主要是帶大學生們為當地孩子輔導功課，以及幫助居民採收水蜜桃。

來到司馬庫斯這段期間，有時間時，我便去看雲海。看著看著，我感受到與大自然融為一體，沉甸甸的腦子似乎也隨之放空，心中有種滿足感油然而升。人類本就是來自大自然，回到大自然去，才能獲得真正的平靜安穩。

在部落中，晚上遊客沒地方去，我們就請大學生透過廣播，邀請所有遊客來參與晚會。有人唱歌跳舞，我則以我的生命故事做見證，說著說著，我看見台下有些遊客的眼裡閃爍著淚光，最後，我帶領大家禱告。

在司馬庫斯有個奇遇。我遇見一位中醫師，叫我伸出手給他看，看了之後他說：「孫先生，你的手上有佛印。我的師傅告訴我，手上有佛印的人，代表那人在前世做了很多好事，今世是要受很多人幫助的。師傅還說，有佛印的人很少，當你遇見這樣的人，你要盡量幫助他。」

當時我聽得一楞一楞的。

中醫師繼續說：「孫先生你看起來太操勞了。你給我地址，下山後我寄養肝中藥給你，我免費供應你兩年。」

原本以為他只是說說而已，沒想到這位中醫師居然真的把藥寄來了！寄了一年多之後，我跟那位中醫師道謝，說藥可以不需寄了，我一切安好。

我不懂何謂佛印。但我知道我身邊有天使圍繞，正如聖經裡面許多人物的故事一樣。在我人生大起大落時，天使總適時能給我保護、安慰、指引、協助、帶領。

一九九九年，妻子去世後不久，台灣遭逢九二一百年大震。黃國倫和我帶著春雨樂團，在地震發生當天去南投竹山幫助災民。我們開著車，一路上道路被震得如波浪起伏，有的路車子根本無法開過去。一路顛簸來到竹山，看到物資不斷湧進，感受到大災難來臨時，台灣人民的愛心與團結。

抵達當天，我們被分配到校園中。學校操場滿是帳篷，我看到各個宗教團體協助災民生活所需，各司其職，完全沒有較勁的意味，而我們則是帶著音樂前來安撫災民的心。

春雨樂團上台演奏歌曲，我分享故事，演奏到一半，我下台和失去家人的孩子們聊天，有的孩子告訴我父母都走了，他成了孤兒，在安慰這些讓人心疼的孩子的同時，我發現，我心中失去妻子的傷痛，似乎也隨之獲得醫治。

失去所愛，更要付出愛給他人，愛就能回到心中。

第二天，我們去一處軍營，軍營裡的阿兵哥協助救災幾乎不能休息，有的一整天不知抬了幾具屍體……晚上我們便在軍營辦晚會，以音樂慰勞這些年輕人，這些二十多歲的青年，許多人可能是首次這麼近距離面對死亡。

九二一地震發生後不久，台北捷運新店線通車，北捷公司仍將紀念幣交給崇光金品製作。到此時，崇光金品從製作技術以至與國外申請幣值等專業能力，已無他人可取代。當時北捷的承辦人員是基督徒，他主動跟我說這回交由他企劃，他說：「你忙你的各處生命故事分享，只需要按時交貨即可。」沒想到也是大賣。

對我來說，生活、信仰、服事、教會，全都是相輔相成，不分台上台下。當我付出的同時，心中並不希求回報，但他人給我的回饋，反而多了更多。

一年一百多場見證分享，晚上回到一個人的家，常常會覺得落寞。白天在台上越光鮮，晚上回到家我越落寞。夜深人靜時，打破寂靜的電話聲響起，我接起來若沒有任何聲音，我會說：「桂瓊……是妳嗎？」

漸漸我發現，晚上刷牙時，才刷了幾下，就想去漱口。上廁所才上一半，就想去按沖水。覺得不對勁，我決定去找醫生。

醫生對我說：「孫先生，請你寫下你的名字。」

我按照醫生的指示在紙上寫字。醫生觀察我寫字的樣子，再跟我問診之後，他說：「孫先生，你需要吃藥了。」

醫生診斷我得了憂鬱症。

按照醫囑吃憂鬱症的藥，我的見證之旅繼續進行。

有一天去拜訪客戶，感覺身體有些不舒服，結束後去台北中心診所做檢查。照了X光，醫生看了片子說：「孫先生，你的肺有陰影。」又說：「有百分之五十的機會是腫瘤。」

聽到醫生這麼說，我靜默了一會兒。轉頭看了我身旁的秘書，她一臉擔憂。醫生希望我繼續做更精密的檢查與追蹤，但我的時間不允許。演講與工作佔滿了我的時間，取消演講，讓邀請者期待落空，讓見證中斷，我做不到。

再花了一年時間跑完所有行程，但此時聲帶越來越弱。

朋友介紹我去台大做斷層掃描，台大醫生看了我的片子說：「孫先生，一年前X光片拍到的肺部陰影，從斷層掃描看來，已經不見了。但你的聲帶麻痺確實是肺部引起的問題，腫瘤雖排除了，還是需要吃藥。」

我跟醫生開玩笑：「那我再也不需要回來見你了吧。」

我相信上帝也看見我為信仰四處奔波，祂的憐憫與恩典，會治癒我的肺。

你們要先求祂的國，和祂的義，這些東西都要加給你們了。（馬太福音第六章第三十三節）

第12章

三代同堂的家

當時，我也算是個黃金單身漢。上媒體，四處演講，寄給我的愛慕信從不會少。熱心的朋友，擔心我後半輩子沒人照顧，積極為我介紹對象。在他們的介紹下，我也曾試著去約會幾次，但感覺總不對，都不是適合我的人。

自從去那趟中心診所後，我發現最適合我的人就在身邊。敏惠，我的秘書。她是桂瓊妹妹的同班同學，在小姨子的引介下，敏惠來到崇光金品工作。剛到公司上班，她就幫我處理那些雪片飛來的信件，有時候還需要代我回信。

我觀察敏惠是個體貼嫻淑的好女孩，那天在中心診所她聽到我的病情，臉上露出的擔憂，那是發自內心的反應，我的心在當下確認她是值得交往的女孩，也是適合我的人。

儘管當時敏惠是佛教徒，而且長年吃素，但我覺得，信仰與習慣是可以在潛移默化下被改變的。

若說我與桂瓊是個性互補，與敏惠則是個性相似。若用星座來比喻，就是我和她都是雙魚座，彼此心靈能共鳴共振，也都有顆樂意助人的赤子之心。她是相當有同理心的女孩，做事不計較回報，也因此，雖然她不是業務，她的親和力讓不少客戶喜歡與她合作，也願意一再將案子交給她。有一回，她與一間證券公司談到百萬大訂單，我不禁要懷疑她的業務天份是否高過我呢！

二〇〇二年底，我與敏惠結婚了。結婚前，也先把當時獨居的父親接來汐止的江山萬里社區，與我同住。

結婚之後，我與敏惠說：「我再也不想吃抗憂鬱症的藥。」

當我獨自面對自己的情緒，那種掉落谷底、必須靠吃藥才能拉提自己的感覺，真的非常痛苦。

有位朋友介紹我去找一位新加坡民俗療法中醫師，他說：「孫先生，你吃了太多了藥，這些藥只會堆在你身體裡，無法治本。不吃藥的話，你會經歷一段禁斷期的痛苦，你必須要熬過去，千萬不能再回頭吃藥。我可以經由推拿舒緩你的痛苦。」

我知道，這一關將會非常難熬。

不吃藥之後，有的時候我的頭痛得就像要爆炸，必須反覆去撞牆才能讓這種痛消失一些。敏惠在一旁看得心疼，這時她會緊緊抱住我，讓我不要再傷害自己。

實在撐不下去時，我便去找那位中醫師幫我推拿。不吃抗憂鬱藥，我全身微微發燒，經過推拿之後，體溫能有效下降一些。

有一個禮拜天，我頭痛到沒有辦法去教會，於是我祈禱：「上帝，您能不能派一個人來幫我禱告，讓我的情緒能安穩一點。」

沒想到過不久，「叮咚，叮咚」，我家門鈴真的響起。

按門鈴的是一位大陸牧師，是許多年前我去大陸傳福音時認識的人。他來台灣拜訪，住在基隆一位弟兄的家。他說他在禱告中得到感動，知道有人需要他，剛好那位基隆弟兄打電話給我，我告訴他我無法去教會，這位大陸牧師就決定來助我一臂之力。

這位牧師陪伴我一個多小時，一直為我做屬靈禱告，從原生家庭發生的事一路禱告下來，漸漸地，我的頭沒那麼痛了，熬過這次關卡。

過了這一關之後，頭痛發作得沒那麼頻繁了，我的憂鬱症真的不藥而癒。

結婚一年多之後，我的大女兒出生，接下來幾年兒子與老三相繼出生。我的父親也已與我團聚，過去從來不敢奢望、曾向上帝祈求能擁有的三代同堂的家，真真確確實現了。

自從三十歲那年離開百年公司，原生家庭分崩離析，我的人生歸零之後，我向上帝禱告我絕不能倒下，我要再站起來，才能讓我們一家再度團圓。多年後，妹妹已嫁去新竹，哥哥與女友同居，父親也回來了，接下來便是說動母親搬回

我與敏惠結婚的那天，我們與父母、哥哥、妹妹一家合照。不久後，上帝聽了我的禱告，我們一家三代同堂，再度相聚，同住在一個屋簷下。

來與我們同住。

心中對父親以及對我充滿埋怨的母親，一直獨居在西門町的小閣樓裡。她白天在西門町擺地攤賣些水晶小飾品，還有一群在西門町認識的流鶯姐妹陪伴她聊天，日子過得算是開心。我不時會去西門町探望她，這些已至遲暮之年的流鶯阿姨，常常吃我小豆腐，或開我小玩笑。

結婚後我在汐止的陽光四季社區買了間四、五十坪的房子，旁邊有個一百多坪的避難平台，能佈置成十分舒適的空中花園。我非常希望母親能來與我們團圓，我跟母親說：「妳不要在西門町擺攤了，搬來和我、爸爸一起住吧。」

母親已習慣西門町的環境，還有這麼多姐妹在這裡，她仍然不願意搬離。她的姐妹們也幫我勸她：「妳有這麼孝順的兒子，幹嘛住在這裡呀。」

開車去接母親那一天，母親的姐妹們幫她把所有家當搬上車，列隊歡送她離開西門町。流鶯阿姨們都羨慕母親有兒子來接她，但她們對我母親這個好姐妹沒有妒忌，心中只有祝福：「姐妹啊，這裡這麼苦，妳離開之後，千萬不要再回來了。」

由於敏惠是前妻妹妹的同學，她與前妻的家人們一直維繫不錯的關係，還認了前妻父母為乾爸乾媽，代替桂瓊盡孝道。清明時，也會陪我去掃前妻的墓。敏惠也跟著我信主，她的善解人意，被教會的許多弟兄姐妹們認為是理想妻子第一名。

在教會中，敏惠也漸漸習慣去接受這個信仰，唯有吃素是她仍維持的習慣。我陪著敏惠吃素好幾年，直到有一天她問我：「繼正，你覺得我還有什麼地方需要改變？」

我說：「我們結婚幾年來，個性上都已經磨合，妳很好，沒有什麼需要改變的了。」

第二天晚上我回家，卻發現餐桌上擺著雞鴨魚肉。楞了一會兒，我坐上餐桌。我看著她舉起筷子，夾起了一塊肉，才咬一口，果然如我所料，她立刻就吐了出來。

雖然敏惠外表柔弱，但一旦下定決心，她會堅持到底，從那一天開始，她吃葷食直到今天。敏惠願意為她所愛的家人而改變。

這種柔美中帶剛毅的個性，讓敏惠在教會裡當上了小組長。一開始，她不願意接此任務，從小她就是一個不出風頭、默默做事的孩子，更別說當一位領袖帶領小組。這時我對她說：「翻開聖經，妳會發現關於領導有一個很關鍵的詞，叫做『僕人』。做領袖的在後不要在前，也就是領袖要作為一位僕人，為人服務，不把榮耀歸於自己。」

這就是著名的僕人式領導。

管理公司，我便是用這種「僕人式領導」帶領員工。

崇光金品的第一位員工，是我從伊甸基金會中找來的身障者，我請她做美工，一做就做到現在，超過二十六年。不止她，幾位創業元老到目前也都在。

公司當然需要精英人才，但能跟著老闆一起打拚的員工更可貴。

我們關心員工，讓員工一年最少領兩個月年終，每年出國旅遊。我們相信，員工在碰到問題時會自己找出路，當員工做不好時，不是先責備，而是先跳下去幫他們解決問題。

好的領袖當精神指標就好，幫助並信任員工，不將功勞都攬在自己身上，這就是「僕人式領導」。

將近三十年，靠著這種領導模式，崇光金品每年都能獲利。

因此，我十分鼓勵敏惠接下教會的小組長一職。我告訴她：不是做一位發號司令的領袖，而是一位幫助人的領袖，或甚至妳把自己當成奴隸也行。到如今，她的小組不斷拓殖出去，每一位組員能力都很強、都能獨當一面，敏惠則負責將每位組員串接起來，讓組員的能力用在對的地方。

敏惠做到了！在所有人眼中，她是一位非常棒的小組長。

在生活與信仰上磨合多年後，我和敏惠是十分適合彼此的伴侶。我們當然愛著彼此，但我卻始終覺得和她之間隔著一道無形的牆，她有時候會將自己的心隱蔽起來。我猜想，這與她的原生家庭有關。

後來我鼓勵敏惠去參加教會的醫治訓練課程。在教會，心靈的傷害，能夠透過心靈醫治被打開，它能帶領你回到童年，讓你看到你是在何種情境中受到傷害。

有一回，敏惠上台做見證時，說出了她心中的陰影。幼稚園時，她曾經遭受性侵，當時由母親陪伴她走過那段傷痛。她發現，教會中有一些姐妹與她有相同遭遇，她願意勇敢地把自身經驗說出來。

說出來之後，敏惠過去的傷就被釋放了。那道無形的牆消失之後，我與她的婚姻關係真正提升到心靈上的境界。這也許是我帶領她信主，所帶給她的最大幫助吧。

敏惠後來去神學院上了一年課程，關於信仰，如今她比我還要投入。

敏惠心裡的傷痛得到釋放，我與她之間再也沒有隔閡。她是個好妻子，好媽媽，更是個好的領導人才。

第13章

以EMBA學位向父親告別

搬到陽光四季社區之後，買給前妻在江山萬里社區的房子，我原本不想賣，每次回去睹物思情。後來儘管不捨，還是決定將它脫手。

有位離婚婦女帶著她的女兒來看房，母女兩人很喜歡這間房子，但母親手頭上的資金有限，就算我再降價，還是不夠。

我問這位母親：「妳為何想買這間房子？」她說：「我女兒快要上高中了。我希望她有個穩定的家，一直租房子到處搬家也不是辦法。」

我被她愛女兒的心打動，於是決定：她的自備款不夠也沒關係，就賣吧！扣掉能貸款的數目，這位母親還差一百萬左右，我跟她說：「這不足的一百萬妳就當作房貸，付我利息錢就好，如果有賺錢，就盡量多還一點，等到房價漲時，妳再把它賣掉。」

仲介說，他做了二十年，還沒有遇過我這種客戶，而且還沒給還款時間底限。為了保護我，仲介幫我把房子拿去信託。

這一百萬，一直到十年之後那位婦人才連本帶利還給我。十年之間台灣房價不斷上漲，她終於能用房子去貸款更多錢，再還給我。

她對我說：「孫先生，真的很感謝你當時願意將房子賣給我，十年來房價不斷上漲，如果是現在，根本買不起了。」

我在汐止買過幾間房子，都與桂瓊有關。她還在世時，如果身體狀況好轉，有空時我們會去看房子，但在當時都買不起。她去世之後，趁汐止淹水房價下降時，我便一間間買回來。

陽光四季、綠葉山莊等社區，包含現在我與何潤東當鄰居所住的麗景天下社區，都是這樣。

說到綠葉山莊，不得不提到我與黑道再度交手的故事。

當初之所以選擇搬到綠葉山莊，是因為附近有所森林小學，我想讓我的孩子在大自然中快樂學習。沒想到搬進去，才知道社區管委會長期被一位竹聯幫的退休大哥把持。

這位大哥跟廠商拿回扣，恐嚇住戶，無故提高管理費。住戶們長年隱忍下來敢怒不敢言，但遇到我，可不會睜一隻眼閉一隻眼。

也許也就是在此時，讓我的公義之心徹底覺醒，就算生命受到威脅，我也要跟不公不義的人周旋到底。

當時社區裡還住著一位IBM台灣區公司的退休副總，看到我敢站出來和流氓對抗，他也不再隱忍，跳出來跟我站在同一陣線。

大哥看我一進管委會就擋他財路，他甚至率眾想要對我動手。

我對他說：「大哥，今天我最後一次尊稱你為大哥。盜亦有道，我的哥哥是黑道，黑社會企業我也待過，你的大哥還曾經是我的老闆。今天你已退下來，你要搞就到外面搞，不要在自己住的社區裡搞，甚至還恐嚇住戶。這個國家是有王法的。我打不過你，但我打官司。」

我把那位大哥的把柄全部揪出來，去法院按鈴控告他貪污。他也不甘示弱反過來告我恐嚇，一年多來，我們互告對方，進出法院將近四十次。

為此，我還曾經去基隆市長辦公室拍桌，我說：「為什麼跟 X 某人有關的建商執照都能過，你們是不是官商勾結！」

從此，所有建商執照的核發，全都要基隆市長簽了才能過。

當善人沉默時，就是讓惡人囂張。權益是要自己保護的。

周旋了一年多之後，那位大哥對我說：「孫先生，我在黑社會打打殺殺多年，我在你身上看到一股正義之氣，你的ＥＱ，我也是相當佩服。」

我後來得知，他之所以敢在社區管委會作威作福，是因為社區管委會律師是他從小的玩伴，因此他有恃無恐。最後，法院判定他的貪污罪成立，這位大哥與他的人馬，才全數從管委會退下來。

被黑勢力把持多年的管委會，終於重見光明。許多住戶願意站出來當委員，而我被選為兩屆主委。

這段期間，有建商捧回扣給我，被我退回。我監測工安，要建商專心把房子蓋好，因為我小妹當年早逝，就是因為未完工的抽水站未將工安做好。與住戶溝通協調，完成社區內光纖管線鋪設……社區終於恢復該有的秩序。

我一直很喜歡宜蘭，原本打算搬離綠葉山莊去宜蘭定居。二〇〇八年當時，宜蘭的房價還沒漲，放假時我就開車去宜蘭看房看地。有一棟獨棟透天厝連同大土地的房產我很喜歡，跟地主講好隔天要簽約，就回家去了。

沒想到當天晚上我接到警察打來的電話，警察說父親發生車禍，被送去汐止國泰醫院。撞我父親的是一位三十歲左右的年輕人，父親昏迷不醒，年輕人恐慌失措。趕到醫院後我看了他一眼，第一句話我問他：「你有沒有受傷？」這是年輕人事後告訴我的事。

醫生對我說，父親有可能活不過這個晚上，緊急開刀將血塊引流之後，父親從鬼門關被救了回來。但醫生說，父親日後恐怕從此成為植物人。

我將父親與母親接來同住之後，母親放不下她心中對往昔的怨恨，在家裡總是數落父親的不是，兩人幾乎是天天吵架。

父親為了避開母親圖個耳根清靜，他寧願每天在外頭遊蕩到晚上十一點多才回家。那天晚上他剛要過馬路，騎著機

父母親兩人的個性都非常鮮明，兩人在一起，爭吵難免。

車的年輕人車速過快剎車不及撞上父親。警察說，責任是各負一半。

發生這件事後，我知道上帝要我留在汐止，不要我去買宜蘭的房子。

父親成為植物人，台灣的醫院幾乎滿床。我費了好大工夫才幫他找到適合的護理中心。而這位年輕人，原本預定三個月後要結婚，如今，他可能需要面對巨額貼償金。不只婚結不成，未來可能也跟著賠上。

我後來得知他的母親是基督徒。年輕人曾多次來跟我探詢賠償金數目，但長達一年多時間，我不跟他談費用，而只是觀察他的態度。

安頓好父親，我決定去報考台科大的ＥＭＢＡ。

之所以想再去唸書，是因為父親是個很重視讀書的人，他一直希望我能讀到碩士，但中央大學畢業前那次校園喋血事件，阻斷了這條路。

父親出車禍之後，我決定完成他這個願望。

報考時間很趕，來不及做準備，只知道要考五題申論題。在禱告中我生出靈感：ＥＭＢＡ的考試會與時事有關。例如那時王永慶剛過世不久，一定會考王永慶的經營理念：勤勞樸實，止於至善，永續經營，奉獻社會。另外我把報紙中有關王永慶的報導全都背下來。

到了筆試那天，果然五題申論題中了四題，筆試順利過關！

接下來是口試。口試開始後不久，院長問我：「你對於今天的口試表現，給自己打幾分？」

我立刻回答：「我給自己打九十九點九九分。」

聽了這話，院長與其他兩位口試委員的心中，大概覺得這小子也太驕傲吧。

我接著說：「老師們應該很想知道為什麼打九十九點九九分？」

接下來的口試主導權就交到我身上了。

我跟老師們說明，我是做黃金的，接下來我把熔金的過程解釋了一遍，以及為何純金是百分之九十九點九九。

「我希望我的一生，能夠被熬煉到成色九十九點九九，所以希望我今天的表現也能得到您們的肯定，也能給我九十九點九九分。」

老師們點頭如搗蒜。

「也許你們會好奇，還有零點零一分呢？黃金再怎麼提煉都沒有辦法達到百分之一百的精純。我是基督徒，這表示上帝無法磨練我到成色百分之百，剩下零點零一，上帝是要我學習謙卑，這零點零一值得我一生去追求。也許，這零點零一就是成功的關鍵，雖然很難，但我願意去學習與等候。就像我知道台科大EMBA很不好考，是經理人心目中的第一名，超過台大。這零點零一希望透過各位師長的教導、提攜，從你們身上找到這零點零一分。」

老師們聽了笑得開懷，放榜後，我的口試成績是：九十四分。

二〇〇九年六月台科大EMBA新生研習中，我上台吹奏拿手的薩克斯風，一時間風靡全校。我這時年紀不到五十，同學們覺得我才華洋溢，便拱我出來選聯誼會會長。

聯誼會會長是個苦差事，既要出錢又要出力，我一點也不想選，但盛情難卻，只好出來競選。

以前聯誼會長是指派的，偏偏到我這屆是以票選競爭，我像政治人物一般，要披著綵帶出來拉票，到每個班級去演講，又製作面紙做文宣。

管理研究所這班有六十位同學，對於選情我相當樂觀，沒想到有人把我過去曾經坐過牢等等在網路上查得到的事，用抹黑的方式宣傳。

最後我以七票落選，全校嘩然。當然，最要反省的是我自己。師長雖對我的落選有些失望，但他對我說：「繼正，雖然你個子不高，但你的身上有很大的能量。」

在台科大就讀期間，除了功課之外，我有機會就傳福音，又積極參與學校內的社團，還接下國標社長一職，將國際標準舞拉拔上舞台，而且在隔年的新生研習營中出盡風頭……我告訴自己，既然接了國標社的社長這個位子，就必須要全力以赴。人生起伏，都在舞動之間。

畢業典禮那天我沒去參加，而是拿著畢業證書去父親的護理中心。

我在他耳邊說：「爸，我拿到碩士學位了！」

除了碩士學位，還有一件事更能讓父親為我驕傲吧——二〇一七年，我被台科大EMBA選為管理學院傑出校友，與其他知名企業經理人平起平坐。

與死神拔河將近兩年後，父親決定安息主懷。

父親車禍前已受洗成為基督徒，我在教會為他舉辦追思禮拜。

人生最高境界不在輸贏，而在進退之間。在追思禮拜中，我

爸爸，再見！我們將在上帝面前相見。

以這段父親曾在我童年時告誡我的話，回顧他的一生。

將我父親撞成植物人的年輕人，也來到追思禮拜，他希望我給他一點時間，讓他上台分享。

年輕人在台上對所有人說：「我很愧疚，也很感恩孫家人從來沒有對我有一句指責。出車禍那天，孫大哥看到我說的第一句話，居然是：『你有沒有受傷』。我以前不明白媽媽為何要走入教會，我在結婚前碰到這種事，心中充滿了怨。但孫大哥對我說：『你的處境跟當年的我很像，我當時也不知道要如何面對這突如其來的打擊。信仰就像一艘大船，它不能解釋你的人生為何如此，但它可以載著你的人生航行，在大海中有時風平浪靜，有時大風大浪，有時候有大海嘯，但信仰總是可以將你安全地送到對岸去。你要與這艘大船共存，上帝就像舵手，在茫茫大海中，祂能為你指引方向。當風平浪靜時，就體會人生的平靜安穩，用感恩的心面對吧。』孫大哥這番話，我才理解媽媽。」

追思禮拜的那一天，年輕人的母親與其他家人，以及他們教會的牧師，都來參加父親的追思禮拜。

追思禮拜結束後，年輕人陪我們去靈骨塔，我跟他說：「我知道你這一年多以來，一直在擔心自己到底要賠多少錢。聖經中，耶穌對罪人說：『我也不定你的罪。』也沒什麼原諒不原諒，你就當作是人生的一種學習。你願意來送我爸爸最後一程，我想就到此為止。我相信你已經學到很多功課，重

黃國倫在我父親的追思禮拜上，演唱了《我知誰掌管明天》

要的是，你要回到媽媽的教會去。你媽媽當年信耶穌，就是為了現在這個時刻。如果沒有，說不定你還真的會賠很多錢，是你的母親救了你。」

年輕人站在我面前，熱淚盈眶。

第14章 億元建堂

父親走後，哥哥幾年後也隨著父親的腳步離開人世。

哥哥一生都是活在殺聲中的社會邊緣人。進出監獄、嗑藥、酗酒，還曾經因為酗酒而引發敗血症，醫生告訴我要該為哥哥準備後事了，我說：「我只有一個哥哥，請你想盡辦法救治他。」我帶教會的牧師去為他禱告，一腳踏進鬼門關的哥哥總算被救回。

我曾帶著父親和哥哥回海南島認祖歸宗，看著海南島鄉親讚賞我的成就，我看見哥哥臉上的落寞。

哥哥沒有信仰，對人生沒有盼望，也沒有善的力量拉回他，圍繞他的黑道朋友，一個個下場比他更慘，幾乎無人善終。

在哥哥生命的最後幾年，他有了悔改之心，想盡量幫助家人，但時不我予，他得了肝癌與食道癌。哥哥臨終前，我跟他說：「哥，你安心走吧。我會好好照顧媽媽。」

我曾想過，如果上帝讓我和哥哥交換生命，我想要嗎？我不要，我不要過哥哥的人生，雖然他一生不需要擔負照顧家庭的責任。對於上帝讓我擁有照顧父母親與哥哥的能力，我心存感恩。

人生本是一個個階段輪番上演，只要在每個階段都努力過，就問心無愧了。

雖說只要努力過就問心無愧，但也有我難以承接的時候。

十多年前，跟著母堂來汐止拓殖教會，如今已開枝散葉，成為繁盛而有活力的教會。由於過去的教會位址常淹水，幾年前教會花數千萬買了八百坪地下室，準備在此建堂，但沒有整修的經費，因此閒置了一段時間。

到了二〇一二年，教會準備要著手建堂事宜，但整修的經費比買房子還更多，至少要有一億元預算才夠。

有一天，牧師和師母找我去，他們對我說：「繼正，希望你能擔起建堂的主責。」

主責需要負責籌措資金與調度人力，這是個吃力不討好的任務，許多朋友勸我不要碰這個苦差事。

我跟牧師與師母說：「我要去新竹山上休息一下，在那裡我會考慮考慮，想通了我再跟你們說要不要接。」

我帶著家人去新竹關西的深山裡。有一天，我在公車站的涼亭等待去買東西的妻子，旁邊有個滿頭白髮的老婦人跟我攀談，她說：「弟兄，你是基督徒嗎？」

我說：「我是啊，阿姨您也是基督徒嗎？」

「我是，我是牧師。」老婦人說。

「您為何坐在這裡呢？」我有點好奇問她。

「我在這裡傳福音。」

「傳福音？但這裡人煙這麼稀少？」

「總是會有人來等公車吧，例如你就是。四十多年前因為某位牧師來台灣佈道，我因為感動而信主。神學院唸完後，我回到山上建立了兩間教會，得空時，我就坐在這裡跟遊客傳福音。」

「您就這樣做了二、三十年？」我很驚訝，世上有這種人？

「是的。」老婦人微笑著說。

我跟這位老婦人聊了許久，如沐春風，並且跟她要了地址，我說：「有一天我會去教會看您。阿姨，您讓我非常感動。」

這就是人最寶貴的情操。

上帝派了這位像天使一樣的老婦人，出現在我面前，她的意志力激發我參與建堂的意願。建堂的確很難，但跟這位老婦人比起來，是小巫見大巫。

下山後，在新竹合興車站又有另一段奇遇。

這車站有段曾兆春先生的唯美愛情故事，一九五八年他為了挽救他的青澀戀情，從合興車站一路追火車，追到二點一公里之外的九讚頭車站。這段故事就記錄在合興車站大廳中，並且出版一本名為《追》的書。

「失敗比不敢還強」，這句話刺激了我。

沒想到我居然在車站碰到曾兆春本人，他跟我聊了他的愛情故事，事隔多年，我仍然能從這位老頑童的眼中看到熱情。

這兩段奇遇感動了我，也讓我做出決定。回到台北我跟牧師說：「我願意接下建堂主責的重責大任，請給我五個人協助建堂。」

一億元該如何籌募呢？

我寫簡訊給黃國倫：「兄弟，我願意賣給你崇光金品股份，這是一間賺錢的公司，我需要幾千萬來建堂。」

他回我簡訊：「我很感動你對上帝的付出……」

寫了一些鼓勵的話之後，他最後說：「願神大大地祝福你。」

款。

看了黃國倫的回覆，靜下心來思考，我知道上帝不要我用賣股份的方式募於是我採用我在台科大EMBA所學到的IDIC行銷手法，以及我的人生經驗，來辨識可募款的對象。

透過Line、部落格、臉書直播，透過一對一的關係行銷，我告訴所有弟兄姐妹，從幼稚園小朋友到老人家，我們可以怎麼一起動員！

募款這兩年，我眼睛從來沒有離開過手機，只要有人募款成功，我都會叫他們貼上社群，用感動行銷的方式，把一個又一個故事散播出去。

此外，我也以慈善志工以及協會的方式，去做社區義賣，最遠到達台灣南部。還曾經有姐妹跟佛教徒募到二十萬元。

我自己則奉獻兩百枚鍍金的紀念銅幣，成立「使命幣達專案」，每枚我都印上編號，並且用木盒包裝得很精美。認購一套鍍金紀念銅幣五萬元，如果認購十萬元就能得到一枚值錢的白金紀念幣。靠著紀念幣，募到了近千萬。

在募款最後一哩路時，我曾以此段話鼓勵所有弟兄姐妹：**要有即知即行的行動力，與堅毅無比的意志力**。

兩年募款過程中，有許多值得記錄下來的故事。有位企業家常聽見員工提到教會的神蹟，這位企業家一連奉獻了三次；有姐妹義賣豆腐乳，後來她的生意翻了三倍；有位老奶奶為了感謝神對她的看顧，捐出她的養老金；還有一位弟兄，將房子賣了搬去偏遠的地方，所賺差價一百五十二萬都為建堂奉獻出來，而五十二這數字剛好令人聯想到聖經裡五魚二餅的故事……這些感人故事，不勝枚舉，說也說不完。

兩年下來，我們總共募得七千萬，不足三千萬則去向銀行貸款。

二〇一四年，新堂落成正式遷入，取名「汐止152靈糧堂」，意為「一間五魚二餅的教會」。

第15章 回到赤子之心

二〇一六年十二月二十四日第一次罷昌晚會時，我跪在台上，說了以下這番話：

你們講的都對，我是一個道德淪喪，不誠實的偽君子，這些我都承認，那是我的過去。但是我跪在這個地方，我也要告訴你們，我也有可能也是偽君子，我未來也有可能，但是，因為我走過一段荒唐路，我浪子回頭，所以我時時刻刻都在提醒我自己，不要再犯錯，哪怕跪在這個地方，我都告訴我自己不要再犯錯了。

如果我沒有這樣悔改的心，我告訴各位，未來我有可能都是一個偽君子，都是道德淪喪。

今天我跪在這地方，我要跟黃國昌說，社會高度拒絕一個敗壞社會風俗文化的政客，就像你黃國昌，高學歷，高知識分子，就是作秀說謊。

可是那浪子回頭的人，這個人就跪在這個地方，未來的一年就是要罷免你，不管成不成功，我們會走到那個時候。

說完這段話之後，我走下台，和妻子相擁而泣。

其實我走上台時，把原本預備要講的話全都忘了，腦子突然一片空白。在那之前，黃國昌的人馬以及媒體，把我的過去全都搜出來，在網路上鋪天蓋地抹黑與批評，說我曾經坐過牢，是個道德淪喪的人，是偽君子。

沒錯，我曾經是道德淪喪的人。我在台上坦承。我發自內心說出這段演講，沒有打過任何草稿。但這段真情流露的話，吸引了很多認同我的價值觀，不計較利害得失的人，出來和安定力量站在一起。

沒錯，我曾經是道德淪喪的人。但上帝漂白了我。

我時時刻刻反省自己，不要成為過去的人。

在我眼中，不反省自己的人，才是偽君子、偽善者。

曾有人對我說，罷免是高度的政治行動，你們是民間團體，怎麼可能會成功？

這也沒有錯，但我從來不把罷昌當作政治行動，這是發自內心把一位不聽選民聲音的傲慢政治人物，從他的寶座將他拉下來的社會運動。

因此我們沒有走路工，不發便當，所有義工都是自發性前來。義工中有醫師，也有上市公司的老闆，甚至有太陽花的志工轉到我們的陣營來。在全台連署過程中，甚至有警察在執行完維安後，換上便服折回來連署。

有人說，和政黨掛在一起就是政治行動。前國民黨文傳會副主委毛嘉慶，好奇於我們如何跨過一階段二階段的罷免門檻，他跟著我們上山下海深入偏鄉，被我們「非典型」的「真誠政治」感動，他說：「台灣政治需要你們這樣的精神。」

至於洪秀柱——柱柱姐，她曾在汐止秀峰國中擔任訓導主任，我感謝她為安定力量伸出友誼的手，也感謝她體諒在罷昌的前一夜，她只能坐在台下為我們加油，無法讓她上台說話，因為這個晚上的英雄是人民與義工。在黨主席造勢晚會上，我裝扮成國父對著台下人民說，希望國民黨不要再走回頭路，走路工與樁腳都是不合時宜的政治手段。

罷昌的行動方針是：能多走一哩路就走一哩路。

我們幾乎走遍全台灣各鄉鎮去連署。還記得我們曾經走到九份煉銅廠附近的偏鄉，當地居民看到我們來都嚇了一大跳：「你們怎麼會來這裡？連里長都沒來過！」這個被政客遺忘的小鄉村，聚集的都是社會邊緣人或是無依老人。義工們會動手幫他們整理家務，陪他們聊聊天。

除了政治人物，原本抹黑我的媒體，有的看了安定力量的非典型力量，便轉向支持我們，《新新聞》的記者報導我的真實生命故事，而不是那些人云亦云的故事。《天下雜誌》也來採訪，他們隨著我們去鄉間，想瞭解安定力量的力量是什麼。

在罷免過程中，我的臉書訊息常收到要我進棺材、去死……等等詛咒或恐嚇的話，但罷免的第二階段，收到黃國昌的支持者要炸死我全家的恐嚇信，針對我來無所謂，但是要傷害我的家人，這我就無法忍受了。我去報警，很快就查到恐嚇信是來自一位淡江大學的大二學生。

跟學生家長聯絡上之後，得知這名大學生的父母在瑞芳以賣麵維生，他的母親一直為兒子求情，說他兒子只是偏激了些，不是有意的。

很多人說，這正是能炒作新聞的好機會。但我用我的本性與信仰去看待這件事，反正我本來就是政治素人，是誤入政治叢林的小白兔。

我想知道為什麼大學生會做出恐嚇這件事，於是我先去他們家的麵攤，探探母親所說的話的真實性，再請母親把兒子帶到我公司來。

他們依約前來，大學生坐在我面前，緊張得一直咬手指頭。

我跟這位大學生說：「你的母親要賣多少碗麵才能供你上大學，今天因為你崇拜你的偶像、太陽花的英雄，讓你不顧一切來恐嚇我，這是可以讓你坐牢的。現在事情發生了，你覺得我應該原諒你嗎？」

大學生一句話都說不出口。

找他來，只是想告訴他：當你出事時，倒楣的是你的家人。

不再跟他追究責任。我覺得這麼做是對的。

有一回我去拜訪一位知名的廣告創意人，那個人說：「繼正，你們已經不需要找我做廣告了，花錢做廣告，只能看見斧鑿痕跡，但你們展現的是『真實』，這是最無價的。」

二〇一七年十二月十六日罷昌投票，在惡劣風雨中我們總共得到將近五萬的同意票，雖未跨過罷免門檻，但安定力量已經給台灣人民留下一次政治典範。

而投票這天，居然拿我失智症的母親投錯票來取笑，讓我更確認對手的格局。

我的牧師朋友對我說：上帝是要使用你過去五十多年的人生經歷，並且透過行腳全台灣的磨鍊，讓你的資歷更完整。

經過罷昌這一次公民運動，有人鼓吹我出來選舉或出來組黨，但都被我拒絕。而是答應朋友為公投出一份力，成功不必在我。

我常說，人生有三個境界：

第一個，看山是山，看水是水。這是人性本善階段。

在我十多歲時，在酒店上班，人家跟我說什麼我就信什麼。

第二個，看山不是山，看水不是水。這是人性本惡階段。

二十多歲開始在怡樂智做業務時，我開始會質疑人說話背後的動機，心中設下防衛。

第三個，人生還是看山是山，看水是水。這是信仰與哲學階段。

我回到赤子之心。上帝說：你們若不回轉，變成小孩子的樣式，斷不得進天國。（參見馬太福音第十八章）也就是說，當我發現對方有騙人之心時，我不但會給對方一塊錢，如果對方覺得不夠，我會再掏兩塊錢，因為我知道對方需要幫助。這是出自心中的愛與真誠。

人生這三個階段一路走來，我覺得生命沒有捷徑，如同熔金時必須不斷升溫，才能讓雜質一一汽化，超過一千兩百度之後，才得以淬煉出九十九點九九的純金。

人永遠無法達到百分之百的純度，那無法達到的百分之零點零一，就像我在台科大EMBA口試時所說，上帝是要我們：學習謙卑。

謙卑得以回轉，像個孩子。

上帝給予我幫助人的恩賜，日後希望自己成為一條能承載他人的大船，在心靈上幫助更多的人。

曾有牧師跟我說：「你要像使徒保羅一樣，走遍全世界。」

如今我將帶著我的故事，走遍台灣各鄉各鎮，並且走出台灣，哪裡有華人，我就往哪裡去。

我相信當我抵達時，還有更多故事能夠訴說。

黃金如人生，無法達到百之之百的純度。從這裡，我學到了謙卑。

跋 付出愛，成全愛

愛需要時間。出書不只是必要的回憶，和給自己人生有所交代的紀念，更是在經歷付出和成全愛的過程中，一段心靈思考的優質時間。有時候，也為我帶來意外的領悟時刻。

從小我就嚮往當一位充滿智慧、詩意的俠客，文能起筆安天下，武能上馬定乾坤，濟弱扶傾，遨遊江湖，建立強大的生命。

俠客沒了準，我倒成了跨馬闖江湖的企業家。三流的老闆，二流的員工，一流的上帝，彼此互相效力，金輝銀耀。人生最高的境界，不在輸贏，乃在進退之間……

不過我一路走來，大起大落，大悲大喜，永遠不會知道下一刻會發生什麼，不明白命運精靈如何臨到。只有經歷了人生種種變故之後，才懂得褪盡最初的浮華煙塵，以一種謙卑的姿態看這個世界。

希望這本書能找到你，帶你走走停停，看看山嵐，賞賞虹霓，吹吹清風；時而凝望，時而沉靜；沉溺於故事，不沉溺於感傷，在文筆中找到生命中的滿足。進出之間，或許你會發現另一種寬容，換你歲月長留。

生命好像煉金的過程，沒有捷徑。無論遭遇多少苦難困境，其中可貴之處在於從經歷的價值觀當中，體會心境轉換的美好，進而提升自我的信心和勇氣。

沒人會陪你走一輩子。這本書，值得你時時刻刻體會，用心對待。

國家圖書館出版品預行編目資料

精煉如金：一個黃金業務的人生救贖旅程 / 孫繼正著. -- 初版. -- 臺北市 : 遠流, 2018.10
面； 公分
ISBN 978-957-32-8352-2(平裝)

1.孫繼正 2.臺灣傳記

783.3886 107013522

精煉如金：一個黃金業務的人生救贖旅程

Just As I Am：The Amazing Story of a Sinner Saved by Grace.

作　　者 孫繼正
文字整理 小調編集
行銷企畫 歐瑞德
責任編輯 陳希林
封面設計 倪旻鋒
內文構成 6宅貓

發行人 王榮文
出版發行 遠流出版事業股份有限公司
地址 臺北市南昌路2段81號6樓
客服電話 02-2392-6899
傳真 02-2392-6658
郵撥 0189456-1
著作權顧問 蕭雄淋律師

2018年10月01日 初版一刷
定價 平裝新台幣320元（如有缺頁或破損，請寄回更換）

ISBN 978-957-32-8352-2
YLib 遠流博識網 http://www.ylib.com E-mail: ylib@ylib.com